나는 삼성보다
작은 회사가 좋다

나는 삼성보다 작은 회사가 좋다

초판 1쇄 인쇄 2017년 8월 21일
초판 1쇄 발행 2017년 8월 25일

지은이 김인옥
펴낸이 백유미

Publishing Dept.
CP 조영석 | Chief editor 박혜연 | Editor 박혜주 안미성
Marketing 이원모 방승환 조아란 | Design 문예진 엄재선

Education Dept.
박은정 김주영 이정미 이하영

Management Dept.
김윤정 임미현 윤민정

펴낸곳 라온북
주소 서울시 서초구 효령로 34길 4, 프린스효령빌딩 5F

등록 2009년 12월 1일 제 385-2009-000044호
전화 070-7600-8230 | **팩스** 070-4754-2473
이메일 raonbook@raonbook.co.kr | **홈페이지** www.raonbook.co.kr

값 13,800**원**
ISBN 979-11-5532-304-5 (03320)

* 라온북은 (주)니카의 출판 브랜드입니다.
* 잘못된 책은 구입한 서점에서 바꾸어 드립니다.

올라운드 플레이어로 성장하려면
작은 기업에서 시작하라

나는 삼성보다 작은 회사가 좋다

김인옥 지음

RAON
BOOK

서문

중소기업에서의 10년, 나의 미래를 바꾼다

내가 회사를 알아볼 때 가장 중점을 둔 것은 회사의 히스토리와 미래 발전 가능성이었다. 나를 성장하게 해준 우리 회사는 내가 입사할 때 13년의 역사를 가진 회사였다. 통신 선로 쪽에 노하우와 기술력을 가진 회사로, 앞으로 변화하는 시대의 흐름에 맞을 것 같고 발전 가능성이 무궁무진해 보였다. 내가 입사할 때의 회사 나이만큼 나도 우리 회사에서 나이와 경험을 같이 쌓아왔다. 회사의 연륜이 나의 연륜이 된 것이다.

10년이면 강산이 변한다는 말이 있듯이 중소기업에서의 10년은 나와 회사를 변화시키고 발전시켜줬다. 내가 입사할 당시에는 역삼동의 작은 임대 사무실이 전부였는데, 지금은 역삼동에 아담한 4층짜리 사옥도 가지고 있다. 통신 관련 회사는 시대의 변화에 민감하기 때문에 한번 판단을 잘못하면 회사가 문을 닫기도 한다. 국내외의 여러 가지 사회, 경제적, 정치적 상황 때문에 휘청거리는 회사들도 많이 봐왔다. 경영자가 정확히 판단하고 회사에 소속되어 있는 임직원들이 다 같이 노력하고 소통해야만 회사를 지킬 수 있다.

중소기업의 장점 중에 하나가 장기근속자가 많다는 것이다. 우리 회사에도 장기근속자가 많았다. 20년 이상, 15년 이상, 10년 이상… 우리는 회사에 근무한 지 10년이 안 됐으면 얘기도 하지 말라고 농담 삼아 말하기도 했다.

대기업에서는 사장님 얼굴을 1년에 한두 번 보기도 힘들지만, 중소기업에서는 하루에도 몇 번씩 볼 수 있다. 직원들과 함께 점심식사를 하면서 회사와 직원들의 이야기를 들어주신다. 그래서 의사결정도 빠르고 문제점에 대한 해결책도 바로 제시되어 업무 처리도 빠르게 이루어진다. 후배사원이든 선배사원이든 본인이 추진하는 업무는 직접 사장님께 보고하고 결재를 받는다. 한 가지 업무를 시작해서 마무리하는 사람은 본인 자신이고, 그 업무를 누구보다 잘 알고 파악해야 하는 사람도 본인이다. 이런 환경이기 때문에 다양한 업무 능력을 키울 수 있다.

우리는 사람이기에 완전할 수 없다. 서툴고 부족해서 실수도 하게 된다. 이런 일련의 과정이 있기에 우리는 미래를 꿈꿀 수 있다. 중소기업에서 10년 이상을 근무하면서 머릿속에 다양한 데이터가 축적되다 보니 이제는 문제가 생겨도 당황하지 않는다. 케이스 바이 케이스(Case by case)로 처리 방법을 생각한다. 문제의 경중을 따져서 움직이고 보고하고 처리한다. 나는 관리, 영업, 물류, 마케팅, 무역, 생산 등 다양한 업무를 경험했기 때문에 그만큼 축적된 데이터의 양도 많다.

중소기업에서의 10년이 나의 미래를 좋은 방향으로 바꿔줬다고 확신한다. 지금의 거대 기업들도 처음부터 대기업은 아니었다. 처음에는 작은 기업으로 시작하여 같은 미래를 꿈꾸는 사람들이 모여서 동고동락하며 지금의 거대한 기업으로 성장해왔다. 남들이 가지 않은 길을 가는 사람들은 그만큼 기회도 많이 얻고 배우는 것도 많다. 지금은 간판이 아니라 나와 변화하는 세상을 같이 걸어갈 중소기업을 찾아봐야 할 때이다. 중소기업에서 제2의 인생을 꿈꿔보기를 바란다.

대기업에서 임원이 될 수 있는 비율은 0.74%지만, 중소기업은 8배 많은 5.6%라고 한다. 우리가 잘 알고 있는 아프리카와 신발 회사 이야기를 보자. 신발 회사가 새로운 시장을 개척하기 위해서 전 세계의 신발을 소비할 시장을 찾던 중에 아프리카라는 신대륙을 발견하게 되었다. 아프리카에 신발 시장을 조사하기 위해서 직원을 파견했다. 같은 시각, 같은 장소를 조사하고 본국으로 돌아온 직원들은 반대되는 내용의 보고서를 올렸다. A라는 직원은 아프리카는 아무도 신발을 신지 않기 때문에 판매 시장으로서의 가치가 없다고 보고했고, B라는 직원은 아직 아무도 아프리카에서 신발을 제조해서 팔고 있지 않기 때문에 무한한 시장 잠재력이 있다고 보고했다.

당신은 어디에 자신의 미래를 걸고 싶은가? 작은 생각과 선택의 차이가 10년 후에는 몇십 배의 차이로 나에게 다가올 것이다. 우물 안의 개구리가 될 것인지, 초원을 활보하면서 다양한 시야를 경험하는 개구리가 될 것인지 선택은 본인의 몫이다.

남들과 다른 생각을 하고 다른 선택을 했다고 두려워할 필요도 없고, 나와 다른 생각을 가진 사람을 따가운 시선으로 볼 필요도 없다. 인생에는 여러 갈래의 길이 있다. 나는 나만의 길을 가면 된다.

오늘도 난 중소기업에서 오랜 시간을 견뎌온 나에게 박수를 보내며 힘껏 안아주려 한다. 그리고 나 자신에게 얘기한다.

"지금까지 잘해왔구나. 힘들었는데 잘 견뎠구나. 앞으로도 힘내렴. 어떤 시대가 너를 기다릴지 몰라. 새로운 미래가 설레지 않니? 어떤 변화가 너를 기다릴지 기대해봐."

오늘도 설렘 반, 기대 반으로 다가올 나의 미래를 생각해본다.

김인옥

목차

서문 중소기업에서의 10년, 나의 미래를 바꾼다 6

Chapter1

대기업에서 부분으로 살 것인가?
중소기업에서 전체로 살 것인가?

인생을 부분으로 만족하며 살래, 전체를 경험해보면서 살래? 17

언제까지 간판만 보고 살래? 미래의 네 모습을 생각해봐 22

남들과 똑같이 생각하면 특별한 삶을 살 수 없어 27

당장은 회사 네임이 중요하겠지만 그 회사가 네 회사는 아니잖아 33

이왕 한 번 사는 인생 주인공으로 살고 싶지 않니? 38

5년, 10년 후면 지금 선택에 만족할 거야 43

Chapter2

4차 산업혁명시대, 나는 어디에 서 있는가?

크게 되고 싶으면 중소기업에서 기본기를 배워봐 51
실수하고 깨지고 실수를 통해서 배우는 거야 56
점점 세상을 알아가는 눈과 귀가 열린다 62
미래를 살아가기 위한 맷집부터 키워라 67
회사 분위기, 내가 만들고 이끌어갈 수 있다 73
과거가 아니라 미래를 보며 사는 삶 77
내공이 쌓이면 세상 살아가는데 두려움이 없다 82

Chapter3

회사가 10배 성장하면 나는 100배 성장한다

스타트업 기업에서 새로운 인생을 시작하다 89
자기 분야의 전문성을 살려 사장이 된 선후배들 94
평사원으로 입사해 28년간 회사와 함께 성장한 CEO 99
작은 회사 목수로 시작해 건설회사 회장으로 102
중소기업 연구원이 어떻게 노벨물리학상을 받을 수 있었을까? 107
자동차 견습생으로 시작해 세계 일류기업의 회장이 되다 112
여공 출신이 세계 재계 순위에 이름을 올리다 117

Chapter4

4차 산업혁명기를 나와 함께 걸어갈 중소기업 고르는 법

회사의 가능성을 알아볼 때 고려해야 할 3가지 125

나에게 맞는 회사를 선택할 때 고려해야 할 3가지 130

좋은 회사는 분위기부터 다르다 135

사장, 면접관들과 이야기해보며 회사 파악하기 139

회사를 알아가며, 면접을 보며 내 가슴은 뛰고 있는가? 143

회사 느낌이 좋으면 지금 당장 연봉은 잠깐 접어둬 148

나의 가능성을 믿으면 없던 힘도 생긴다 153

Chapter5

누구나 올라운드 플레이어가 될 수 있는 만능 중소기업

올라운드 플레이이어의 기본 눈치 8단 따기 159

하나를 배워 10개로 활용 가능한 중소기업 164

노력한 만큼 보상과 초고속 승진이 보장되는 중소기업 169

올라운드에서 전문가를 양성하는 전문가 양성소 174

다양한 인맥 만들기가 가능한 중소기업 180

다양한 분야의 만능 해결사 자격 취득이 가능하다 185

기본도 제대로 못하면서 어떻게 남들보다 앞서나갈래? 191

Chapter6

중소기업에서 경영수업을 받아라

대기업 10년보다 중소기업 10년이 사장이 되는 지름길 199
화려한 제2의 인생을 꿈꾼다면 중소기업에서 배워라 204
나를 성장시키는 무기가 작은 회사 안에 있다 209
조직을 이끄는 전문가 과정을 한 번에 배우다 213
중소기업에서 소통의 전문가로 변신하기 221
중소기업에서 사람 마음을 움직이는 기술을 연마하다 225

참고도서 231

Chapter 1

대기업에서
부분으로 살 것인가?
중소기업에서
전체로 살 것인가?

인생을 부분으로 **만족하며 살래, 전체를** 경험해보면서 살래?

1997년 IMF 이후 사회경제가 급속도로 변화하면서 평생직장 개념이 사라져버렸다. 그러다 보니 안정적인 공무원이나 대우가 좋은 대기업을 선호하는 현상이 두드러졌고, 공부의 목표가 '안정적인 직장'이 되어버렸다. 자신이 무엇을 잘하는지, 좋아하는지도 모르고 주변을 돌아볼 시간도 없이 취업이라는 관문을 통과하기 위해서 학교와 도서관을 오가는 젊은 후배들을 보면 마음 한구석이 씁쓸하다. 젊은이에게 '취업'은 당연히 거쳐야 하는 관문이지만, 네임밸류 있는 기업에 들어가는 것이 부모님이나 지인들에게 인정을 받는 길이라고 생각하는 세태가 안타깝다.

2017년 1월 11일 통계청 발표에 따르면 2016년 청년실업률이 역대 최고인 9.8%라고 한다. 청년실업률 통계를 작성하기 시작한 2000년 이

후 최악의 성적표를 냈다는 기사가 각종 언론과 포털을 장식했다. 실업자 100만 시대가 지금 우리 앞에 닥친 현실이다.

취업을 준비하고 있는 대부분의 학생은 안정적인 공무원과 대기업을 목표로 오늘도 학원과 도서관으로 향하고 있다. 그러나 관공서와 대기업에서 채용하는 인원은 한정되어 있다. 취업 문턱이 높은 것도 사실이지만 취업을 준비하는 학생들의 눈이 그만큼 높은 것도 문제라면 문제다.

내 주위에도 사회생활을 앞둔 수많은 취업준비생이 있다. 16년 동안 회사생활을 하면서 느낀 게 있다. 요즘 젊은 친구들이 업무가 고되고 상대적으로 급여가 적은 중소기업을 쳐다보지도 않는다는 것이다. 이름이 잘 알려지지 않은 중소기업에 다닌다고 하면 주위의 시선을 의식해서 본인부터 위축되어버린다.

그러나 대기업에 들어가기 위해 어울리지도 않는 스펙 쌓기를 하고 있거나 공무원시험에서 매번 쓴 물을 마신다면 이제 좀 더 현실을 제대로 들여다볼 필요가 있다. 젊은이들이 기피한다는 중소기업에 입사해서 일한다는 것이 어떤 의미인지 알아보자. 생각을 바꾸고 한 단계 눈을 낮춰서 보면 중소기업의 여러 가지 장점이 보인다.

중소기업의 장점 첫째는 본인의 노력에 따라서 여러 가지 일을 다양하게 배울 수 있다는 것이다. 관리, 영업, 마케팅, 무역, 생산, 물류 등 다양한 부서의 일을 경험해볼 수 있으며, 본인이 잘할 수 있는 업무를 발전시켜 크게 성공할 기회가 많다. 사회에 먼저 나온 선배로서 수많은 사회인을 봐왔다. 대기업에 있었으면 말단직원으로 그쳤을 사람이 중소기업에서 기회를 잡아 임원이 되는 것을 봤고, 대기업의 한정된 보직에서 무료하게 일하던 사람이 중소기업에 와서 활개치듯 뜻을 펼치는 경우를 봤다. 그런데도 요즘 젊은이들은 대기업과 같은 복지와 급여가 보장되지 않는다는 이유로 중소기업에 도전하려는 시도조차 하지 않으려 하니 안타까울 수밖에.

대기업에 다닌다고 하면 우선 주위의 시선부터 달라지고, 내가 뭐라도 된 것처럼 생각하게 된다. 당장은 그런 즐거움 때문에 한동안 다른 것들은 눈에 들어오지도 않을 것이다. 그러나 과연 대기업에는 장점만 있을까? 대기업은 특성상 한 부서에 배치되면 임원이 되지 않는 이상 그 부서에서 퇴사하는 경우가 대부분이다. 주어진 업무 분야에서는 베테랑일 수 있지만 그 업무 외에 다른 업무는 알지 못한다. 대기업이 급여나 처우 면에서 중소기업보다 좋은 건 사실이다. 하지만 그만큼 요구하는 것도 많다. 받는 만큼 해야 할 일도 많다.

대기업에서 임원이 되는 숫자는 정해져 있다. 한국경영자총협회 『2014년 승진·승급관리 실태조사』 결과에 따르면 대졸 신입사원이 임원승진까지는 22.1년이 소요되고, 신입사원의 임원 승진 비율을 0.74%라고 한다. 이것은 2011년 임원승진 기간인 21.2년에 비해 0.9년 상승한 수치이고, 임원승진 비율도 2005년 1.2%, 2011년 0.79%, 2014년 0.74%로 지속적으로 감소하는 추세다.

현재의 직급별 승진율이 유지된다는 가정하에 신입사원이 부장으로 승진하는 비율은 2.41%, 임원으로 승진하는 비율은 0.74%로, 1,000명이 입사하면 불과 7.4명만이 임원이 된다는 의미이다. 규모별로는 대기업의 부장승진 비율이 1.8%, 임원승진 비율이 0.47%였고, 중소기업의 부장승진 비율은 11.5%, 임원승진 비율은 5.6%였다.

한편, 전체 직급의 평균 승진율은 38.6%로 조사되었으며, 대기업의 평균 승진율(35.4%)이 중소기업(59.4%)과 비교하면 월등히 낮게 나타났다. 특히 대기업의 경우, '임금피크제의 도입 및 도입 고려' 비율이 2011년 30.3%에서 2014년 53.1%로, '명예퇴직제도의 도입 및 도입 고려' 비율이 35.3%에서 58.1%로 크게 증가했다. 반면, 중소기업은 '임금피크제 도입 및 도입 고려' 비율이 2011년 27.7%에서 2014년 39.0%로 상대적으로 적게 증가하여 대기업에 비해 2017년으로 다가온 60세 정년 의무화에 덜 민감하게 반응하는 것으로 나타났다.

이 경총 조사만 보더라도 이것이 진짜 현실이다. 당장은 주위의 시선과 좋은 처우 때문에 대기업을 선택할 수 있다. 하지만 인생을 장기적으로 놓고 보면 대기업이 꼭 중소기업보다 좋은 것은 아니다. 중소기업에서는 한 가지 업무가 아닌 다양한 업무를 경험할 수 있고, 노력한 만큼의 보상과 승진이 주어진다. 대기업과 중소기업의 출발선만 놓고 본다면 외적인 면이나 내적인 면에서 많은 차이가 있다고 생각할 수 있다. 그러나 5년, 10년 후를 놓고 보면 그 차이는 미비해지고, 만족도는 더 높을 수 있다. 임원이 되는 길도 대기업보다 훨씬 넓다. 또한, 사장이 되고 싶다면 중소기업에서의 다양한 경험을 바탕으로 나만의 특기와 적성을 찾아서 창업도 가능하다. 이렇게 중소기업은 우리가 모르는 숨겨진 장점을 많이 가지고 있다.

내가 우리 회사에 지원하게 된 이유는 중소기업이지만 창업한 지 13

년이 되었고, 한국통신(現 ㈜KT)이라는 공기업과 거래하고 있어서 안정적이고 비전이 있어 보였기 때문이다. 우리가 전화나 인터넷을 이용하기 위해서는 통신이라는 기본 베이스가 깔려 있어야 하므로 향후 지속적으로 발전 가능성이 있는 분야였다. 나는 지금도 우리 회사를 선택한 것이 잘한 선택이었다고 생각한다. 작지만 강한 중소기업에서 밑바닥부터 배우면서 인생을 배웠고, 세상을 배웠다. 회사에서 배운 기초가 있었기에 나는 어떤 것도 시작할 수 있는 용기를 얻었다.

언제까지 간판만 보고 살래? **미래의 네 모습을** 생각해봐

꿈이란 무엇일까? '꿈'은 우리가 지금까지 살아오면서 익숙하게 들어왔던 단어이다. 꼬맹이 시절부터 장래 희망이 무엇인지 생각했다. 나는 꿈에 대한 정의를 잘 알지 못한다. 무엇이 되면 꿈이 이루어졌다고 할 수 있을까? 우리는 아이들에게 "꿈이 뭐니? 커서 무엇이 되고 싶니?" 라고 물으며 성취해야 할 어떤 주체에 관해서만 이야기를 한다. 어릴 때부터 의사, 판사, 선생님 등이 되도록 아이들을 교육한다.

이렇게 죽어라 공부해서 명문대에 들어가 의사, 판사가 되었다고 한들 행복할까? 아이가 세상에 큰 뜻이 있어 허준이나 슈바이처와 같은 명의가 된다고 하면 정말 좋은 일이다. 그래서 도움이 필요한 사람들을 위해서 살아간다면 아이나 사회를 위해서 바람직하다고 생각한다.

그런데 현실은 그렇지 않은 경우가 많다. 소위 잘 나간다는 '사'자 돌림 전문직도 힘든 건 마찬가지이다. 폐업하는 병원, 사무실 유지도 힘든 개인 변호사들… 이제는 이런 직업도 선망의 대상은 아닌 듯하다. 지금은 간판만 중요시한다고 해서 성공할 수 있는 시대가 아니니다. 시대가 변했다. 열심히 공부해서 주위에서 인정하는 대기업에 들어가거나 전문직에 종사하면 좋겠지만, '그러면 정말 행복할까?'라는 생각을 하게 된다.

간판도 좋아 보이고 인테리어가 멋져서 들어간 음식점이 있는데 막상 음식을 먹어보니 맛이 별로였던 경험이 한두 번은 있을 것이다. 반대로 간판도 허름하고 음식점 내부도 오래되어서 기대도 하지 않았던 음식점이 예상외로 맛있었던 경험도 있을 것이다. 간판만 보고 판단하는 시대는 지났다. 4차 산업혁명기를 살아가려면 화려하고 멋진 간판 속에 숨겨진 진실을 볼 줄 아는 지혜가 필요하다.

얼마 전에 '체인지 코리아, 대한민국은 학벌 공화국'이라는 기사(이데일리 2017.01.11.)를 보았다. 대한민국은 학벌사회이고 출신학교가 취업이나 인생의 향방을 크게 좌우한다고 한다. 서울대는 학벌 공화국의 정점에 위치해 있고, 서울대부터 수직 서열화되어 있어 우리 사회의 주요 정책을 결정하는 정부 고위직만 봐도 서울대 출신이 요직을 독점하다시피 한다는 내용이었다.

행정고시 출신 5급 이상의 기재부 공무원 375명 중 서울대 출신은 181명(48.3%)으로 절반에 육박하고, 연세대·고려대까지 포함하면 321명으로 SKY 출신 비중이 85%까지 치솟는다고 한다. 기업도 마찬가지로 최근 사장단 인사를 마친 SK, LG, GS, 한화, 현대중공업 다섯 개 그룹의 최고경영자급 31명 가운데 12명이 서울대 출신으로 알려졌다. 그 외 다른 분야도 정도의 차이가 있을 뿐 서울대 출신이 장악한 곳이 많다.

학벌 중심으로 사회가 서열화되다 보니 부작용이 끊이지 않고 있고, 학생들은 어릴 때부터 적성이나 관심보다는 좋은 대학의 인기과에 들어가는 것을 인생의 목표로 강요받고 있다. 자연스레 서열이 내재화되어 소수의 승자와 대부분의 패자인 사회로 갈리게 되었다. 이렇다 보니 좋은 대학에 가려고 과외에 목매게 된다. 강남구 대치동의 학원가는 이런 세태를 반영하는 대표적 사례다.

지금까지 우리 사회는 간판을 중요시하고 거기에 맞춰서 우리 아이들을 교육해왔다. 그러나 내가 살면서 얻지 못했던 것, 성취하지 못했던 것을 자식이 대신 성취해주기를 강요할 수는 없다. 세상 자체가 우리가 원하는 대로 흘러가지도 않는다. 부모나 선생님의 의견대로 성장해온 요즘 젊은이들은 스스로 생각해서 주체적으로 판단하는 능력이 부족하다. 부모님 눈치를 보고 주위의 시선을 먼저 생각하고 다른 누구와 비교하여 생각한다. 그 탓에 '엄친아', '엄친딸'이라는 단어가 생겨난 지 오래다.

한국과학저술인협회 이종호 회장의 저서 〈4차 산업혁명과 미래의 직업〉에 의하면 4차 산업혁명기에는 모든 분야에서 혁신적인 변화가 일어날 거라고 한다. 인간의 노동을 대신할 인공지능 로봇이 하나둘 개발되면서 미래의 일자리에 대한 우려도 확산되고 있다. 하지만 4차 산업혁명은 이미 시작되었고, 앞으로 우리의 미래를 바꿔놓을 거라는 건 기정사실이다. 정부기관의 보고서에 따르면 인공지능 · 로봇기술의 발전으로 10년 안에 1,800만이 넘는 사람이 일자리 위협에 시달릴 거라고 한다. 사라지는 일자리가 약 714만 개, 새로운 일자리가 200만 개로 예측하고 있는데, 결국은 514만여 개의 일자리가 감소될 것으로 보고 있다. 한두 개도 아니고 500만여 개의 직업이 사라진다고 하니, 변화하는 시대를 어떻게 맞이할 것인지 곰곰이 생각해볼 문제이다.

세상은 이렇게 변해가고 있는데 시대의 흐름을 간파하고 미리 대책을 세우지 않는다면 우리의 미래는 어두울 수밖에 없다. 변화하는 시대에 같이 편승하지 않으면 도태되고 설 자리를 잃게 될 것이다. 그런데 우리의 현실은 아직도 간판을 위해서 죽어라 공부하고 그 간판 있는 회사에 들어가기 위해서 재수, 삼수를 한다. 시대는 4차 산업혁명기인데, 우리의 사고는 아직도 3차 산업기에 머물러 있다.

10년, 20년 후의 나의 미래에 대해서 진지하게 생각해본 적이 있는가? 난 누구나 세상에 태어난 이유가 있다고 생각한다. 삶의 방식은 제각기 다르겠지만 우리는 한 번뿐인 소중한 삶을 부여받았다. 이런 소중한 인생을 타인의 강요에 의지해 살아간다면 나에게 너무 미안한 마음이 든다.

사회생활 초반에는 나도 주체적으로 내 삶을 꾸려가지 못했던 것 같다. 그러나 1년, 2년 회사생활을 하고 주변과 소통하고 회사와 같이 성장해가면서 나의 10년, 20년 후는 지금과 달라야겠다는 생각이 들었다. 그래서 더 열심히 배웠고, 예전에는 무심코 지나쳤던 상황과 업무에 관심을 가지고 내 것으로 만들려고 노력했다. 그랬더니 동료보다 먼저 승진도 하게 되고, 회사에서 인정도 받으면서 조직개편 때 어느 부서에서 일하게 될지 기대도 하게 됐다.

중소기업이라서 이런 일들이 가능했다. 다양한 경험을 쌓을 수 있고 노력한 만큼 보상도 주어지고, 미래를 스스로 개척할 수 있는 능력치가 생긴다.

이런 중소기업, 지금부터 찾아보고 싶지 않은가?

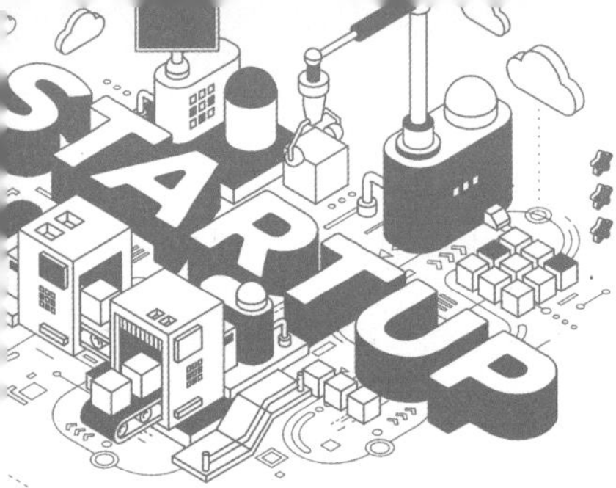

남들과 똑같이 **생각하면 특별한 삶을** 살 수 없어

사람마다 생김새가 다르듯이 생각하는 것도 모두 다르다. 그러나 우리가 지금까지 받아왔던 교육은 비슷함을 강조하는 교육이 대부분이었다. 조직에서 튀면 안 되고, 학교에서도 엉뚱한 생각을 하는 아이들은 문제아 취급을 받게 된다. 대중 속에 묻혀서 남들과 똑같이 생각하고 행동하는 것이 최선이고, 그런 평범한 삶을 살아가도록 권장하는 것이 지금 우리의 현실이다.

그러나 세상은 빠르게 변해가고 있다. 우리가 과거에 상상만 했던 것들이 현실로 우리 눈앞에 와 있다. 더는 우리의 사고를 과거에 머물게 해서는 안 된다. 우리는 4차 산업혁명기, 5차 산업혁명기를 살아가야 할 사람들이다. 그러기 위해서는 나만의 특별한 무기를 개발해야 한다. 미래를 주체적으로 이끌어나갈 나만의 특별한 무기가 필요한 시점이다.

나는 하루가 다르게 변화하는 세상을 중소기업에서 경험했다. 내가 근무했던 회사는 정보통신 관련 회사였기 때문에 나는 시대의 흐름을 통신의 변화로 직접 체험할 수 있었다.

우리는 동케이블에서 광케이블로 진화한 세상에 살고 있다. 4Mb, 8Mb ADSL을 사용하던 시기를 거쳐 VDSL 그리고 집안까지 광통신(FTTH - Fiber To The Home)이 이루어지고, 지금은 지하철을 포함한 전국 어디서나 빠른 LTE를 경험하고 있다. 시대는 변화하고 또 변화하고 있다. 이런 전쟁터에서 살아남기 위해서는 나만의 특별한 무기 개발이 필요하다. 그럼 특별한 무기를 어디에서 개발하고 찾을 수 있을까? 답은 중소기업 안에 있다. 좋은 무기는 장인의 세공과 연마가 들어가야 훌륭한 무기로 태어난다. 그 무기를 받은 장수가 그것을 잘 활용할 수 있도록 갈고 닦아야 자신에게 딱 맞는 무기로 재탄생된다.

지금 사회를 초연결 사회라고 한다. '공유경제'란 말을 들어봤을 것이다. 4차 산업혁명기를 맞아 주목받고 있는 것이 이 공유경제(Sharing Economy)이다. 물건이나 공간, 서비스 등을 개인이 소유하지 않아도 빌려 쓸 수 있고, 내가 가지고 있는 것을 필요한 사람들과 나누어 쓸 수도 있다. 방을 하나도 보유하고 있지 않은 에어비앤비(Airbnb)가 세계에 흩어져 있는 빈방을 연결하여 숙박 공유 플랫폼을 만들었다. 현재 에어비앤비의 기업가치는 세계적인 호텔 체인인 하얏트와 메리어트를 앞섰고, 1위 업체인 힐튼을 맹추격하고 있다.

에어비앤비와 더불어 주목받는 대표적인 공유경제 사례는 자신의 차량을 공유하고 연결하여 택시 서비스를 하는 우버(Uber)이다. 우버는 택시를 한 대도 보유하고 있지 않지만 남는 차량을 연결하여 서비스를 제공함으로써 세계적인 기업으로 성장했다. 우버의 기업가치는 680억 달러(77조 4천억 원)로 미국 스타트업 가운데 가장 높다.

이런 기업들은 어떻게 탄생되었을까? 작은 '생각의 차이'가 있었기 때문이다. 그들은 변화하는 시대의 흐름을 읽었고, 그것을 행동으로 옮겼을 뿐이다. 사람들이 처음부터 빈방을 빌려주고, 차를 빌려 쓰는 것을 제대로 된 생각이라고 여겼을까? 한번 진지하게 생각해볼 문제이다.

우리는 항상 무언가를 계속 시도하며 새로운 환경에 한 발짝씩 내딛으며 살고 있다. 초등학교를 마치고 중학교, 고등학교, 대학교를 거쳐 계속해서 새로운 환경의 문을 두드리며 여기까지 왔다.

익숙한 생활에서 벗어나 낯선 환경에 발을 들여놓기까지 우리는 두려움을 느끼고 많은 고민을 하게 된다. 내 선택이 옳은 것인지, 내가 잘할 수 있을지 많은 걱정을 하게 된다. 그리고 다른 한편으로 새로운 기대감과 설렘을 느낀다. 나는 잘할 수 있을 거라는 의욕이 생긴다. 우리는 사람이기 때문에 이런 두 가지 마음을 가지는 것이 당연하다. 이 두 가지 마음에서 어느 마음에 힘을 싣느냐에 따라 행동이 달라지는 것뿐이다. 그러므로 두려움보다는 설렘과 기대감을 자주 생각하기를 바란다.

몇 달 전에 KBS2에서 방영했던 드라마 '여자의 비밀'의 마지막회를 보게 되었다. 여자 주인공 아버지가 딸 소이현 씨에게 인디언 추장과 손자의 대화 내용을 이야기해주는 장면이 있었다. 주인공은 아버지가 들려주셨던 인디언 추장의 이야기가 인생의 비밀임을 뒤늦게 깨닫는다는 내용이었다.

"우리의 마음속에는 언제나 두 마리의 늑대가 싸우고 있는데 그중에 한 마리는 차갑고 비정하고 한 마리는 따뜻하고 평화롭단다."

"둘 중에 누가 이겨요?"

"내가 먹이를 주는 녀석이 이기지."

내가 어떤 선택을 하느냐는 나의 몫이다. 좋은 늑대에게 희망과 사랑을 주어서 키우다 보면 우리도 그런 존재가 되는 것이다. 어느 늑대에게 먹이를 줄 건지 선택은 자신에게 달려 있다.

한 기업의 부분으로 살아갈 것인지, 올라운드 플레이어(All-round player)로 전체를 보고 배우며 살아갈 것인지, 선택은 항상 나의 몫이다. 지금까지는 부모나 선생님이 알려주는 가이드라인 안에서 성장해왔다. 전부는 아니지만 대부분 선택을 하게 될 때마다 나의 의지보다는 주변에서 좋다고 추천해주는 것에 편승해서, 부모님의 만족을 위해서 공부해왔고 선택해왔다.

우리가 지금까지 받아왔던 진학지도는 대학을 가기 위한 진학지도가 대부분이었다. 내가 무엇을 좋아하고, 무엇에 소질이 있는지 물어봐주는 사람도 없었고, 나의 꿈같은 건 대학원서 접수에 중요한 사항이 아니었다. 한창 꿈을 꾸고 미래를 생각해야 할 시기에 대학에 모든 포커스를 맞춰서 공부하고, 그 외에는 생각할 시간을 가지지 못하는 시스템 안에서 자라왔다. 정말 대학교가 인생의 대안은 아닌데 말이다. 참 안타까운 현실이다. 사회생활을 하다 보니 미래를 보지 못하는 이런 부조리한 현실이 눈에 들어온다.

지금 우리는 3차 산업기를 거쳐서 4차 산업혁명기를 맞이하고 있다.

이제 세상이 빠르게 변화하기 때문에 예전처럼 개천에서 용이 나지 않는다고 말한다. 세계경제포럼 '직업의 미래'라는 보고서에서 2020년까지 일자리 710만 개가 4차 산업혁명기의 여파로 사라지고 일부 직종에서는 인간 근로자와 로봇이 일자리를 놓고 경쟁하는 상황이 벌어질 것이라 한다. 공상과학 영화에서만 봤던 현실이 눈앞에 다가오고 있다.

KBS 프로그램 '명견만리'에서 영국 옥스퍼드 대학의 오스본 교수가 '고용의 미래' 보고서에서 700여 개의 직업을 분석하여 20년 안에 사라지는 직업들을 발표한 것을 방송한 적이 있다. 20년 이내에 현재의 직업의 47%가 사라진다고 한다. 약사, 의사, 판사, 회계사, 요리사 등 우리가 선망하는 직업들이 20년 이내에 거의 사라진다고 하니, 아이를 키우는 입장에서 듣기에 정말 충격적인 내용이었다.

이런 시대에 우리는 무엇을 준비해야 할까? 4차 산업혁명기가 다가오는데, 그 시대를 살아가야 할 우리의 사회 분위기나 교육 시스템은 여전히 과거에 머물러 있다. 나의 미래는 누군가 대신 준비해줄 수 있는 문제가 아니다. 시대의 흐름을 이해하고 내가 먼저 준비해야 한다. 학창시절은 자의 반, 타의 반으로 살아왔다면 사회의 첫발은 온전히 자신의 의지대로 선택하기를 바란다. 당장은 '내가 이런 회사에 다녀'라는 자부심과 자존심 때문에 중소기업을 선택하는 데 망설여지고 부담스러울지 모른다.

그러나 한 번 사는 인생을 멋지게 살아보겠다는 꿈을 가지고 있다면, 자신을 브랜딩해 제2의 인생을 시작하고 싶다면 주저하지 말고 중소기업의 문을 두드려야 한다. 앞으로의 미래는 한 가지만 잘한다고 성공할 수 있는 시대가 아니다. 연결과 다양성, 변화가 공존하는 시대이다. 격변하는 시대를 대비하고 살아가기 위해서 내가 먼저 준비해야 한다. 중소기업에는 많은 기회가 있다. 관리, 영업, 물류, 무역, 마케팅 등 내가 하고자 한다면 올라운드에서 전문가로 거듭날 수 있다. 주위의 시선 때문에 당장은 대기업으로 눈이 가겠지만, 5년, 10년 후를 내다보고 자신의 사업을 운영해 보고 싶다면 중소기업에 가서 경험을 쌓기를 바란다. 그 선택에 후회는 없을 것이다.

나카무라 미츠루가 이런 말을 했다.

'인생은 곱셈이다. 어떤 기회가 와도 당신이 제로면 아무런 의미가 없다.'

준비하고 무언가를 계속 시도하고 배우다 보면 반드시 기회가 찾아온다. 기회가 왔을 때 알고 잡는다면 곱셈식의 놀라운 결과를 가져오게 될 것이다.

중소기업에서 그런 기회를 잡을 것을 나는 믿는다.

당장은 회사 네임이 **중요하겠지만 그 회사가** 네 회사는 아니잖아

퇴근하고 집에 돌아왔는데 딸아이가 'MBC 자체발광 오피스'라는 드라마를 보고 있었다. 초등학생 딸아이가 볼만한 주제는 아니었는데, 너무 재미있게 보길래 같이 보게 되었다. 면접 보는 장면이 나오자 나도 모르게 화면으로 시선이 갔다. 주인공이 대기업 가구회사에 면접을 보는 장면이었다. 면접관의 첫 질문이 우리 현실을 적나라하게 반영해주고 있었다.

"학점만 좋네요. '열심히'를 4년만 일찍 했으면 출신학교가 달라졌을 테고, '열심히'를 학점 말고 딴 데 했으면 이력이 달라졌을 텐데, 왜 학점만 열심히 했을까? 스펙도 없고 인턴십 한 것도 없고…"

이력을 제대로 관리 못해 노력이 부족한 거 아니냐는 면접관의 질문에 화가 난 주인공은 열심히 살았다고 말한다. 학자금 대출과 집세, 먹고 살아야 하니까 32개 사업장에서 아르바이트를 했다고 했다. 지금까지 면접을 100번 떨어지면서도 제대로 살고 싶어서 대기업만 고집했다고 했다. 갑은 세고 을은 고달프다는 현실을 알게 되면서, 대기업에 들어가서 갑이 되어서 살아보고 싶었다고 주인공은 말한다.

대기업이 정말 정답일까? 대기업에 들어가면 갑질하면서 살아갈 수 있는 것일까? 강자에게는 약하고, 약자에게는 강한 게 우리 사회의 현실이다. 하지만 대기업 생활이 한 사람 인생의 청사진을 보여주는 것은 아니다. 내 주변에도 대기업에서 차장, 부장까지 15년, 20년 근무하다가 명예퇴직한 지인들이 있다.

명예퇴직도 울며 겨자 먹기로 한 경우가 많다. 회사에서 사람을 몰아붙여 어쩔 수 없이, 심적으로 힘들어 선택한 경우가 대부분이다. 한 부서에서만 근무했기 때문에 배운 것이 부분적일 수밖에 없다. 목돈으로 받아 나온 퇴직금과 위로금이 있어서 다행이라고 생각하며 경험도 없는 창업에 도전한다. 그러나 세상 물정 모르는 사람들을 이용해 먹으려는 사람이 세상에 너무 많다. 그렇게 오랜 시간 고생해서 모은 돈을 한순간에 날리는 경우를 여럿 봐왔다.

아이템이 정말 좋고, 시대의 흐름에도 맞아 성공하는 사람들도 일부 있다. 그러나 대부분 명예퇴직 후 사회 적응에 실패해 중산층에서 하층민으로 전락한다. 대기업에 다닌다고 하면 주변에서 보는 시선도 다르고, 생활도 넉넉해서 좋아 보인다.

그러나 수명 100세 시대인 요즘, 한창 경제활동을 해야 할 40대에 퇴직해서 무엇을 할 수 있을까? 대기업에 다니면서 제2의 인생을 준비했다면 이야기는 다르다. 그러나 대기업 현실은 많은 급여를 준 만큼 일을 부여하므로 일찍 출근에 늦게 퇴근한다. 호사다마(好事多魔)라고, 대기업에 다닐 때는 좋겠지만 그 회사가 내 회사는 아니다. 그렇게 나의 의도와 상관없이 퇴직해야 할 경우에는 이야기가 다르다.

우리는 너무 보이는 것만 믿으려고 하는 경우가 많다. 겉모습만 중요하게 생각하다가 사기를 당하는 사례도 우리 주변에서 심심치 않게 볼 수 있다. 아래는 인터넷 뉴스의 일부분이다.

재벌3세 · 변호사 행세로 여성들에게 수억 사기
결혼정보회사에 가짜 정보로 가입…사기 피해자 법률상담까지
재벌3세를 사칭해 여성의 환심을 산 뒤 투자금을 뜯어내거나 변호사로 행세하면서 사건 처리 비용을 가로챈 20대 남성이 경찰에 붙잡혔다. 서울 강남경찰서는 이런 수법으로 모두 4명을 속여 총 3억 2천만 원을 가로챈 혐의(사기·위조사문서 행사 등)로 양모(29)씨를 구속했다고 1일 밝혔다. 무직인 양씨는 작년 유명 조선사 경영본부장으로 근무하는 것처럼 재직증명서를 위조하고 사주의 손자라고 속여 결혼정보회사에 가입했다.

– (서울=연합뉴스) 2016년 05월 01일

회사의 네임, 그 사람의 지위 등 눈에 보이는 것이 전부라고 믿는 사회의 행태 때문에 이런 사기가 난무한다. 작정하고 속이려는 사람을 당해낼 방법은 딱히 없다. 검열을 강화한다고 하지만, 이런 악한 사람들은 다양한 속임수를 동원해서 어떻게든 속이려고 할 것이다.

이런 사람들이 판을 치는 세상에서 언제까지 회사를 따지고, 직업을 따지며 살아갈 것인가? 우리는 짧으면 짧고 길면 긴 인생을 살고 있다. 지금까지 열심히 살아온 인생을 기반으로 제2의 인생은 폼 나게 살아봐야 하지 않을까? 누구의 누구가 아닌 온전히 나 자신을 위한 인생 말이다.

인터넷에서 이런 글을 읽은 적이 있다. 대기업 취업에 관한 글이었다. 24살에 대기업에 입사했는데 10개월 만에 퇴사하고 작은 업체로 이직을 했다는 내용이었다. 이유는 맞지 않는 직무 때문이었다. 이 기업에 140여 명이 함께 입사했는데 20%가 1년 만에, 50%가 3년 이내에 그만뒀다고 했다. 대기업에서는 원하지 않는 직무로 발령이 나면 변경이 어렵기 때문이다.

중소기업에서 장기근속을 해온 나로서는 이런 현실이 안타깝다. 대기업에서는 부서가 정해지면 타부서 전향이 정말 힘들다. 그러나 중소기업은 그런 면에서 유연한 편이다. 제대로 된 중소기업이라면 인재를 중요하게 생각한다. 그래서 사람을 사람답게 대하려고 하고, 본인의 능력에 따라서 처우도 달라진다.

그런데 우리는 많은 강점을 가진 중소기업을 찾아보려고도 하지 않는다. 대기업에 입사했다고 그 회사가 본인 회사가 되는가? 물론 중소기업에 입사한다고 해서 그 기업이 본인 회사인 것도 아니다. 그러나 중소기업에는 대기업보다 훨씬 기회가 많다. 회사의 성장과 함께 임원이 될 수도 있고, 중소기업에서 다방면으로 배워서 내 사업을 시작하기도 수월하다. 관리, 영업, 마케팅, 물류, 기획, 생산 등 모든 영역에서 활동 가능하기 때문에 생각은 그만큼 커진다.

4차 산업혁명기에 살아남을 수 있는 기술을 실전에서 제대로 교육시켜주는 곳은 중소기업 밖에 없다. 당장 눈에 보이는 겉모습과 혜택으로 진주를 보지 못하는 우를 범하지 말아야 한다.

이왕 한 번 사는 인생 **주인공으로** 살고 싶지 않니?

나는 지금까지 인생을 주체적으로 살아본 적이 별로 없었던 것 같다. 누구누구의 딸, 누구의 아내, 누구의 엄마, 어떤 팀의 누구 등 항상 앞에 수식어가 따라다녔다. 그리고 그 앞에 붙은 수식어에 맞게 행동하기 위해 노력해왔다.

자리가 사람을 만든다고 한다. 부모님에게 인정받는 딸이 되기 위해서 열심히 살아왔고, 행복한 가정을 만들기 위해서 노력했고, 아이에게 자랑스러운 엄마가 되기 위해서 항상 바쁘게 움직였다. 회사에서도 마찬가지였다. 내 자리에 맞는 사람이 되기 위해, 주변과 소통하는 관리자가 되려고 많은 노력을 했다.

그런데 어느 날 문득 이런 생각이 들었다. 나는 나의 주변 상황과 별개로 온전한 나 자신으로 살았던 적이 있는가? 내 인생의 무대에서 주인공으로 당당하게 살아갔던 적이 있었는지 의문이 들었다. 항상 어떤 척을 해야 했고, 날 둘러싼 주변 사람들의 행복을 위해서 가끔은 나를 내려놓고 살아왔던 것 같다. 그렇다고 지금까지의 내 삶이 불만족스럽다거나 후회한다는 것은 아니다. 원하는 회사에 입사해서 일한 만큼 인정도 받았고, 그 속에서 많은 시행착오를 겪으며 성장해왔다. 과거의 내가 있었기에 현재의 내가 있는 거니까 지금까지 열심히 살아온 나에게 박수를 쳐주고 싶다.

그러나 인생을 돌아봤을 때 나의 회사생활에서 제일 후회가 되는 것이 있다. 바로 신입사원 시절에 아무것도 하지 않고 시간을 보낸 것이다. 그 시절 나는 항상 긴장해서 그런지 '오늘도 무사히 잘 넘어갔구나' 안도하며 아무 생각 없이 회사와 집만 오갔다.

주말에는 어디 나가는 것이 귀찮고 싫어 침대와 한 세트가 돼 방콕만 했었다. 친구를 만나는 것도 귀찮았고 남자친구와 데이트하는 것도 귀찮았다. 힘들었던 평일에 대한 보상으로 주말에는 주로 집에서 자고 뒹굴었다.

지금 생각해보면 학생 때까지 잘 사귀던 연인들이 사회에 나와서 왜 헤어지는지 알 것 같다. 직장인과 학생이 사귀는 경우는 특히 그 관계가 오래가지 못한다. 상대방의 상황을 이해하지 못하고 자기 입장으로만 생각하니까 더욱 좋지 않은 방향으로 흘러가게 된다. 평일에 너무 힘들었기 때문에 주말에는 쉬고 싶은데 이해해주지 못하는 상대방에 대한 서운함, 그것이 쌓이다 보면 결국 서로의 길을 가게 된다.

그러나 집에서 뒹군다고 피곤이 풀리는 것은 아니다. 아무것도 하지 않고 그렇게 주말을 보내고 나면 일요일 저녁엔 '내가 뭐했지?' 하고 후회하기도 한다. 후회하면서도 또 주말이 되면 같은 행동을 반복한다.

간단한 취미생활이라도 3년 정도 했으면 어느 정도는 전문가 수준이 됐을 거고, 외국어라도 공부했으면 언어 한 가지는 마스터했을 시간이었다. 그때는 시간이 그렇게 소중한지 정말 몰랐다. 10년이 훌쩍 지나고 나서 생각해보니 20대의 소중한 시간을 너무 의미 없이 보낸 것 같아 아쉬움이 남는다.

그래서 꿈을 갖는 것이 중요하다. 가끔은 나를 돌아보는 시간을 가져야 한다. 그래야 온전히 나를 위해서 살 수 있다. 나는 내 인생의 항해사다. 인생이라는 드넓은 바다를 항해해야 한다. 가끔 험난한 파도를 만나서 그만두고 싶을 때도 있지만 그렇다고 포기해버리면 '나'는 더 이상 남지 않는다. 나를 돌아볼 수 있는 자기반성의 시간을 가져서 내가 제대로 된 방향으로 가고 있는지 점검해야 한다.

그래서 인생선배들이 20대에 안 하면 후회하는 것들, 30대에 알아야 할 것들, 40대에 꼭 해야 할 것들이라는 주제로 많은 이야기를 책으로 쏟아내는 것 같다. 후회하지 말고 지금 주어진 인생의 무대를 즐기기를 바라면서.

내가 이 책을 쓰는 이유도 그렇다. 중소기업에 입사하여 많은 경험을 쌓고 내실을 다졌다. 단지 회사 업무를 처리했다고 급여를 받았다고 생각하지 않는다. 그 긴 시간에서 인생을 살아가는 지혜를 배웠고, 어떻게 사람들과 소통하면서 미래를 꿈꾸는지도 알게 되었다. 그래서 지금 앞으로 나의 인생을 위해서 이렇게 무언가를 시도하고 있다.

나의 생각이 이렇게 긍정적으로 변한 건 우리 회사의 영향이 제일 컸다. 우리 사장님은 항상 팀 목표를 세우기 전에 개인 목표를 먼저 설정하고 계획을 세우라고 강조하셨다. 사장님은 본인의 목표가 있는 사람이 회사생활도 더불어 잘한다는 것을 알고 계셨다. 자신의 경험과 노하우를 직원들이 배우기를 바라셨고, 그것을 자주 직원들에게 들려주셨다. 직원들의 경조사에는 무조건 참석하셨다. 사장님 휴대전화기의 캘린더는 크고 작은 스케줄로 항상 빽빽했다.

하루의 절반 가까이를 보내는 회사에서 이런 일을 자주 겪게 되니까 임원이나 관리자 할 것 없이 이런 습관을 보고 배울 수 있었다. 그래서 회사는 같은 목표를 향해 앞으로 나아가게 되고, 그곳에 속한 직원들도 같이 성장하고 발전할 수 있었다. 중소기업이기 때문에 이런 일들이 가능했다. 나를 내 인생의 주인공으로 생각하게 되고, 그 자리에 맞는 사람이 되려고 끊임없이 배우고 노력하게 된다.

우리가 잘 알고 있는 남아프리카 공화국 최초의 흑인 대통령이자 인권운동가였던 넬슨 만델라는 종신형을 받고 27년을 복역했을 당시 영국의 윌리엄 어니스트 헨리의 인빅터스(Invictus)라는 시를 애송했다고 한다. '나는 내 영혼의 선장'이라는 문구로 잘 알려진 시다. 인빅터스는 라틴어로 '정복 불능, 정복되지 않는'이라는 뜻을 가지고 있다.

"문이 좁은 것은 중요치 않다. 어떤 벌도 문제 되지 않는다. 나는 내 영혼의 주인, 나는 내 영혼의 선장인 것을."

우리 한 사람 한 사람은 모두 소중한 존재들이다. 인생의 주인공이 되기 위해서 새로운 문을 두드려 보지 않겠는가.

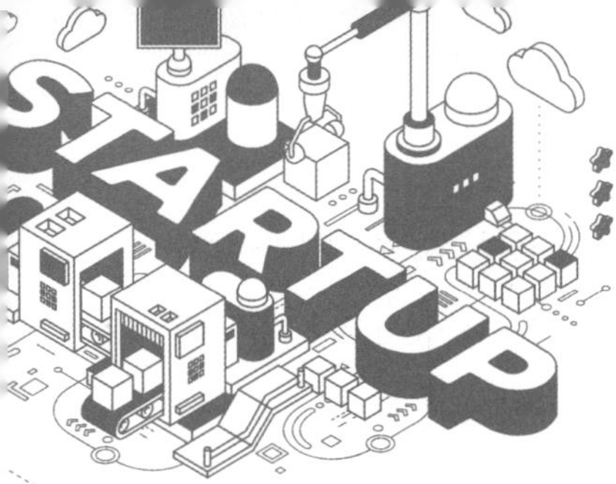

5년, 10년 후면 **지금 선택에** 만족할 거야

회사생활 1년 차 때 5년 후의 나의 모습은 어떨지 생각했고, 5년 차 때는 10년 후 나의 모습이 어떻게 변해 있을지 상상했다. 먼저 입사한 선배들이 어떻게 일해오고 승진해왔는지 알았기 때문에 내 나름대로 나의 10년 후 모습을 그려볼 수 있었다. 꼭 직급이 전부는 아니지만, 이왕이면 회사에서 인정받아 남들보다 더 빨리 그 자리에 도달하고 싶었다. 그래서 하루하루를 정말 열심히 살아왔던 것 같다.

우리는 자신의 미래를 한 번쯤은 진지하게 생각해볼 필요가 있다. 단계마다 인생의 계획을 머릿속 지도나 다이어리 안에 담아놔야 한다. 그 계획을 바탕으로 행동하다 보면 가고자 하는 이정표에 생각보다 먼저 도착할 수 있다.

요즘 많이 보는 뉴스가 경제와 사회 면이다. 관련 뉴스나 기사들을 보면 경제를 어떻게 살리고, 취업난을 어떻게 해결하고, 우리나라 경제의 근간인 중소기업을 어떻게 성장시키고 키워나갈지 새로운 정부에 바라는 기대를 엿볼 수 있다. 인터넷 뉴스를 검색하다가 사설 하나를 읽게 되었다. 내용은 취업난에 관련한 내용이다.

2017년 4월 11일 '대기업 취업에만 매달릴 때가 아니다'라는 제목의 이데일리 사설을 보니 국내 대기업 200곳 가운데 45곳(22.5%)이 이번 상반기 대졸 신입사원 채용 규모를 줄이거나 한 명도 뽑지 않을 계획인 것으로 조사됐다고 한다. 한국경제연구원이 매출액 상위 500대 기업을 대상으로 조사해 200개 기업으로부터 응답을 받은 결과다. 지난해 같은 조사에서 채용축소 또는 안 뽑겠다고 밝힌 응답(11.5%)에 비해 2배로 늘어난 것이다. 대졸자들의 취업이 더욱 어려워졌음을 말해준다.

지난해보다 채용 규모를 늘리겠다고 답한 기업이 22곳(11%)으로 나타난 것이 그나마 다행이었다. 지난해와 비슷하다고 답한 기업도 59개(29.5%)로, 지난해 조사(27.2%)보다는 조금 늘었다. 하지만 대기업 전체로는 신규채용 규모가 줄어들 것이라는 분석이 유력하다. 국내외 경제 여건이 불확실한 상황에서 기업들이 투자 및 고용 확대를 미루고 있기 때문이다.

대졸자들의 취업이 어려워진 것은 어제오늘의 이야기가 아니다. 대학을 졸업하고도 취업을 위해 다시 전문대에 들어가는 경우도 적지 않다고 한다.

지난 주말 9급직 국가 공무원을 뽑는 시험에 전국적으로 22만 명 이상이 응시한 것만 봐도 요즘의 취업난 실태를 실감하게 된다. 설사 대기업들이 제대로 인력을 충원한다고 해도 대학 졸업생을 모두 수용하기에는 한계가 있을 수밖에 없다. 이런 상황에 취업준비생들이 대기업에 목숨을 거는 것은 모험이고, 앞으로 취업난은 더욱 심화될 수밖에 없으므로 중견, 중소기업을 선택해서 굴지의 기업으로 키워보겠다는 생각으로 자신의 개성과 소질을 살려서 도전해보기를 바란다는 게 논설위원의 의견이었다.

공감이 가는 내용이다. 모든 것에는 '타이밍'이라는 것이 있다. 지금이 그런 좋은 타이밍이다. 4차 산업혁명기를 걸어갈 우리는 중소기업에서 이런 기회를 잡아 그 속에서 성장해야 한다. 내가 그 속에서 준비되어 있다면 4차 산업혁명기, 5차 산업혁명기가 어쩌면 나에게 새로운 시대를 열어줄지 모른다.

당장은 주변 친구들과 비교되고, 대기업에 다닌다는 엄마 친구 자녀와 비교될지 모른다. 그러나 5년, 10년 후면 지금의 이 선택에 만족하게 될 것이다. 내가 하고 싶은 것이 있고, 간절히 원하는 것이 있다면 시간이 걸리더라도, 조금 돌아가더라도 그 과정이 힘들게 느껴지지 않는다. 하고자 하는 목표가 있기 때문에 그런 장애물들은 인생이라는 긴 여정 속에서 스쳐 지나가는 풍경의 일부에 불과하다.

애니메이션과 게임을 무척 좋아하는 친구가 하나 있다. 이 친구는 전공과 상관없이 게임이 좋아서 졸업하자마자 작은 게임회사에 들어가서 차근차근 실력을 키워나갔다. 게임 스토리를 기획하고 캐릭터도 만들고 게임이라면 밤에도 벌떡 일어날 정도로 게임마니아다.

2000년대 초반에는 게임 산업이 이렇게 호황이 아니었다. 그러나 본인이 하고 싶은 일이었기 때문에 급여와 상관없이 자신의 꿈에 시간과 노력을 투자했다. 그 친구는 게임회사에서 5~6년 정도 경력을 쌓아서 몇몇 지인들과 의기투합해서 창업을 했다. 자신의 게임을 만들어보고 싶었다고 한다.

그러나 대기업이 게임시장을 장악하고 있는 시점이라 그 친구는 많은 시행착오를 겪으면서 회사를 접게 되었다. 하지만 그의 능력을 인정한 몇몇 회사에서 스카웃 제의가 왔고 지금은 마니아들을 확보한 게임회사에 일하고 있다. 전 세계로 시장을 확대하기 위해 중국 등 여러 나라로 출장을 다니고 있다.

그 친구는 아직도 자신의 게임을 만드는 것을 포기하지 않았다. 잠시 길을 잃은 것뿐이고, 잠시 주춤했을 뿐이라고, 다시 제 길을 찾았기 때문에 자신에게는 희망이 있다고 했다. 자신의 꿈은 계속 진행 중이고 오히려 시행착오를 겪지 않았다면 무엇이 문제인지 알지 못했을 거라고 한다. 실패한 경험이 자신에게 기회를 주었으며, 그래서 부족한 부분을 지금의 게임회사에서 더 배울 예정이라고 했다.

성공이 인생의 최종 목표가 될 수는 없다. 성공은 여정이다. 목표를 가지고 앞으로 나아가다 보면 작은 성공, 큰 성공을 맛보게 된다. 성공 아니면 실패라는 결과만 있는 것이 아니고, 그저 우리는 긴 여정 같은 과정에 있는 것이다. 그래서 지금보다는 5년 후에 성장해 있는 나를 발견하게 되는 것이고, 5년 후보다는 10년 후에 더욱 발전해 있는 내가 기다리고 있는 것이다.

나는 이런 인생의 여정을 중소기업과 함께했다. 5년 후가 달랐고, 10

년 후에는 5년 전보다 몇 배는 더 성장해 있는 내 모습을 볼 수 있었다. 세상 살아가는 자신감이 내 안에 가득 차 있다. 그 여정 속에서 행복도 있었고 역경도 있었지만, 그런 일들이 미래의 나를 위한 하나의 과정이라고 생각하면서 그 모든 것을 즐길 수 있었던 것 같다.

대기업에서 출발한 친구들과 시작점은 차이가 많이 났었다. 그러나 16년이 훌쩍 넘은 지금은 내가 그들보다 한 발짝 앞서 나가고 있다는 걸 안다. 우리는 항상 어떤 인생을 살 것인지 생각하고 계획하고 상상해봐야 한다. 어느 조직의 부분으로 만족하면서 살아갈 것인지, 여러 가지 풍경들과 다양한 인생의 문을 하나하나 통과하면서 경험을 쌓아갈 것인지, 선택은 전적으로 내 몫이다.

Chapter 2

4차 산업혁명시대, 나는 어디에 서 있는가?

크게 되고 싶으면 **중소기업에서** 기본기를 배워봐

새 정부가 시작된 지 얼마 되지 않았다. 4차 산업혁명기를 맞아 일자리 창출, 침체되어 있는 경제를 살리는 것이 새 정부의 화두이다. 선진국보다 시작은 늦었지만 늦은 만큼 제대로 준비해서 이 어려운 시기를 잘 극복해나갔으면 하는 바람이다.

평균수명이 늘어나면서 100세 시대를 살아가는 우리는 인생을 어떻게 살아가야 할지 막막하기만 하다. 사회 곳곳에서 구조조정이니, 희망퇴직 신청이니 하며 정년보장은커녕 조기퇴직을 공공연하게 종용하고 있다. 요즘 자주 듣는 신조어 중에 '반퇴세대'라는 말이 있다. 국어사전에도 나오는 신조어로, 우리의 현실을 적나라하게 말해주고 있는 단어 중 하나이다. '반퇴세대'는 평균 퇴직 연령이 젊어짐에 따라 제2의 인생을 준비해야 하는 요즘 4050세대를 뜻하는 신조어로, 정년퇴직이 아니라 조기 퇴직을 해서 새로운 일자리를 다시 찾는다는 의미로 많이 쓰인다.

학생일 때는 직장생활에 대한 로망이 있었다. 드라마나 책을 통해서 간접 경험한 것이 전부였기 때문에, 나도 회사에 들어가면 드라마 속의 멋진 주인공처럼 나의 능력을 인정받으면서 직장생활을 할 거라는 환상이 있었다. 보통 드라마에서는 멋진 사무실에서 자신의 능력을 다방면으로 펼치며 남자 못지않은 존재감을 드러내는 커리어우먼의 모습이 자주 등장한다.

그러나 막상 사회에 나와 보니 현실은 만만치가 않았다. 학교에서 배운 지식은 정말 학습을 위한 지식이 대부분이었고, 사회에 나와서는 내가 몸담은 회사에 맞게 새롭게 익혀야 하는 일들이 전부였다. 평소에는 접해보지도 못했던 새로운 것들을 처음부터 다시 공부해야 했다. 인간관계도 마찬가지였다. 전국 팔도 다양한 지역의 사람들을 상대해야 하기 때문에 지역특색을 알아야 대화가 되었다. 고객 상담도 어려움이 많았지만, 특히 사내에서 기강 잡는 나이 어린 여자 선배들을 대하는 것이 나에게는 가장 어려운 숙제 중의 하나였다.

한 달을 마감하는 월말에는 정말 정신이 없었다. 당시는 ERP가 없던 때여서 적게는 수십 장에서 많게는 몇백 장이 되는 수기 전표를 일일이 맞춰서 월 마감을 했다. 사람이 하는 일이라서 계산기를 두드리고 엑셀로 정리하다 보면 숫자 입력을 잘못해서 실수할 때가 있었다. 그런데 관리 쪽 전산을 담당하는 여자 선배는 회계프로그램을 사용하므로 공급가액과 부가세가 자동으로 나뉘기 때문에 쉽게 확인이 가능했다. 어느 업체의 며칠 전표가 잘못되었는지 알면서도 매출이 맞지 않으니 다시 확인해서 맞춰오라고 되돌려 보낸다.

그러면 나는 업무 시간에는 고객 상담 및 기본적으로 매일 반복되는 업무를 해야 함으로 업무 외 시간을 활용해야 했다. 야근을 하면서 몇십 분에서 몇 시간 동안 그 많은 전표를 일일이 확인하고 계산기를 두드려야 했다. 10분이면 끝날 일을 왜 비효율적으로 사람을 고생시키는지 지금 생각해도 참 이해가 되지 않는다. 여자의 적은 여자라는 것을 그때 실감했다.

보이지 않는 암투가 일어나는 드라마에서나 나올 법한 일들이 내 주변에서도 자주 일어나고 있었다. 그런 부당한 처사를 겪으며 하나 제대로 배운 것이 있다. 나는 후배가 들어오면 절대로 비효율적으로 가르치지 않겠다는 것이었다.

극한 상황을 겪다 보니 전쟁터에서 살아남기 위한 나만의 방법을 찾기 시작했다. 보통 회사마다 독특한 분위기가 있기 때문에 기존 직원들은 본인들이 만들어놓은 틀을 건드리고 깨는 것을 싫어한다. 특히 새로운 사람이 들어와서 의견을 내면, 아직 회사에 들어온 지 몇 달 안 된 신입사원이 선배들 말에 꼬투리를 잡는다는 식으로 치부해버리는 경우가 대부분이다. 그들은 신입사원들이 그들이 만들어놓은 울타리 안에서 생활하기를 원했고, 그 선을 넘는 것을 도전으로 받아들였던 것 같다.

한참 대인관계 때문에 힘들었을 때 내가 선택한 것은 책이었다. 어떻게 하면 나에게 적대적인 상대에게 현명하게 대처할 수 있을지 대인관계 관련 책들을 읽기 시작했다. 현실과 이상은 차이가 있었지만 많은 공부가 되었다.

프로와 아마추어는 기본기, 자세에서부터 차이가 난다. 기본기가 제대로 갖추어진 선수는 필드에 나가서도 당황하지 않고 제 실력을 발휘한다. 황인태 저자의 〈리더에게 인정받는 직원의 40가지 비밀〉에서는 프로와 아마추어의 차이를 다음과 같이 설명하고 있다.

- 프로는 제 일에 목숨을 걸지만, 아마추어는 제 일에 변명을 건다.
- 프로는 기회가 오면 잡고 보지만, 아마추어는 생각만 하다 기회를 놓친다.
- 프로는 행동으로 보여주고 아마추어는 말로 보여준다.
- 프로는 '지금 당장'을 좋아하지만, 아마추어는 '나중에'를 좋아한다.
- 프로는 '난 꼭 할 거야'라고 말하지만, 아마추어는 '난 하고 싶었어'라고 말한다.
- 프로의 무대는 그라운드지만, 아마추어의 무대는 관중석이다.
- 프로는 해보겠다고 하지만, 아마추어는 안 된다고 한다.
- 프로는 놀 때 최고로 놀지만, 아마추어는 놀 줄 모른다.

우리가 쉽게 아는 말들이지만 이런 기본적인 것들을 내 것으로 만드는 것이 제일 어려운 숙제이다. 나는 이 숙제를 내가 몸담은 중소기업에서 하나씩 해결해나갔다. 회사생활 속에서 만나는 크고 작은 사건 사고들을 경험하며 나는 아마추어에서 프로로 변해가고 있었다. 회사에서 업무 스킬뿐 아니라 사회생활하면서 제일 중요한 '사람을 사귀는 법' 등 기본기를 다질 수 있었다. 기본기가 튼튼한 사람은 어떤 일을 하더라도 흔들리지 않고 주변 충격으로부터 자유롭다.

레오나르도 다빈치는 어린 시절에 스승인 베로키오가 다른 것은 가르쳐주지 않고 매일 달걀만 반복해서 그리게 해서 불만이었다고 한다. 베로키오는 다빈치에게 '이건 너의 관찰력을 기르기 위한 것이다. 천 개의 달걀이라도 같은 것이 없다. 무수한 달걀 속에서 그 차이를 발견하는 능력이 필요하다. 같은 달걀이라도 보는 위치나 빛에 따라서 달리 보이는 법이다.'라고 말했다. 이런 과정을 거치면서 다빈치는 대기 원근법과 회화 표기법을 완성했다고 한다.

세계적인 예술가도 기본기를 다지기 위해서 오랜 인고의 시간을 거쳤다. 우리의 인생도 마찬가지이다. 중소기업에서의 다양한 경험들이 나의 기본기를 단단하게 해준다. 평생 직장생활을 업으로 생각하는 사람도 있을 테고, 제2의 인생을 꿈꾸며 자신의 사업을 준비하는 사람들도 있을 것이다. 내 사업을 하기 위해서는 기본기가 바탕이 되어야 하고, 그 분야의 프로가 되어야 한다. 기본기가 없는 상태에서 새로운 것에 도전하는 것은 많은 리스크를 안고 있는 것과 마찬가지이다. 기본기를 제대로 다져보자. 그리고 제2의 인생을 꿈꿔보자.

실수하고 깨지고 **실수를 통해서** 배우는 거야

회사생활은 나에게 많은 것들을 알게 해주었다. 학교에서 배운 지식을 회사에 적용해서 사용하는 것은 현실적으로 매우 힘들었다. 점수에 맞춰 대학을 선택했고, 적성에 대해서는 진지하게 생각해본 적이 없었다. 그냥 학교보다는 사회에 나가면 무엇이든지 할 수 있을 거라는 의욕만 앞섰다. 그렇게 난 회사의 비전만 보고 지금의 중소기업을 선택했다. 학교에서 배운 적도 없는 전자통신 용어들에, 회사에서 취급하고 있던 제품이름을 익히는 데도 몇 개월이 걸렸다. 그렇게 하나하나 배우면서 재미와 흥미를 알게 되었다.

'신입사원'이라는 명칭은 회사 생활에서 어느 정도는 특혜를 누릴 수 있는 좋은 단어이다. 새로운 것을 배우고 익혀서 나의 것으로 만들고, 모르면 당당하게 선배들에게 물어봐도 전혀 흠이 되지 않는다. 내가 근무했던 회사는 입사 당시에는 통신 관련 제품과 인쇄재료 관련 제품, 산업환경 개선 상품 등을 주로 취급했었다. 통신 관련 제품은 종류가 너무 다양해서 스펙과 제품을 빨리 익히는 게 급선무였다. 그리고 우리 부서에서 취급하는 제품은 아니지만, 중소기업의 특성상 타 부서의 제품도 어느 정도는 알아야 고객으로부터 문의전화가 왔을 때 해당 부서에 전달이 가능했다.

그러다 보니 회사 적응기에 있는 신입사원 때는 제품에 얽힌 사건 사고가 많다. 동기 하나는 외부에서 '습수액(잉크와의 반발 작용으로 선명한 인쇄를 가능하게 하는 혼합물)'을 구매하고 싶다는 전화를 받고는 엉뚱하게 알아들어서 "쑥색이요?" 하고 말하는 바람에 선배들이 한바탕 웃었던 기억이 난다. 그리고 '터미네이터'라는 이름만 들어보면 영화 아놀드 슈왈제너거가 생각나서 뭔가 그럴듯한 제품으로 오해하기 쉬운데 '터미네이터'란 인쇄재료 약품 중의 하나이다.

어느 회사에서든 실수를 통해 업무를 익혀가면서 조금씩 회사의 일원으로 자리 잡아가는 시기가 입사 1~2년 차이다. 고객에게 제품 상담이나 응대를 할 때 모르거나 의문 사항이 있으면 당당하게 '죄송합니다. 제가 신입사원이라서 잘 모르겠습니다. 확인해서 연락드리겠습니다.' 라고 자연스럽게 전화 메모를 받을 수 있는 때가 신입사원 때이다. 이 시기에 전화 응대를 하면서 내가 제일 많이 사용했던 말이 그 말이었던 것 같다. 조금 부족하면 다시 배우면 되고, 같은 실수만 되풀이하지 않으면 된다. 사람은 누구나 실수는 하기 마련이다. 그러나 같은 실수를 반복하는 것은 실수가 아니라 일에 대한 정성이 부족한 것이다.

지금도 기억에 남는 신입사원 때의 실수 중 하나가 있다. 계약한 제품을 납품하기 위해서는 납품서류를 준비해야 한다. 물품 납품 및 인수증을 작성해서 물건과 함께 제출한다. 인수처에서 납품한 물품을 확인 및 검수하고 이상이 없으면 서류 인수처 란에 서명해서 한 장은 발주처에서 보관하고 한 장은 납품한 협력사에게 준다. 그 서명된 물품 납품 및 인수증을 근거로 세금계산서를 발행하고, 물품에 대한 대가 지급을 받게 된다.

신입사원인 나는 당시 한국통신 충남망건설국의 납품건을 처리하면서 서류를 한국통신 충남망건설국으로 작성해야 하는데 기존에 있던 문서를 활용하다 보니 수도권의 다른 건설국 이름으로 서류를 만들었다. 서울에서 대전까지 납품하러 내려간 영업팀 대리님이 납품 중에 당황해서 나에게 전화해서 야단을 쳤다.

납품처는 반드시 확인해야 할 부분이었는데, 그때는 확인한다고 봐도 그것들이 한눈에 들어오지 않았다. 서울에서 대전까지가 가까운 거리도 아니고, 그때는 정말 출장 간 영업팀 대리님에게 죄송해서 너무 괴로웠다. 나의 실수로 다른 누군가는 고개를 숙여야 하고 그 일을 수습하기 위해서 시간을 할애해야 하니 얼마나 비효율적인 일인가. 다행히 납품처 담당자분이 잘 처리해주셔서 대전에서 서울로 다시 되돌아오는 헛걸음은 하지 않았지만, 그 이후로 납품서류를 만들 때는 항상 납품처를 다시 한 번 확인하는 버릇이 생겼다.

사람은 실수를 통해서 배운다. 실수를 통해서 어제보다는 좀 더 나은 내일을 맞이하게 된다. 야단은 쳤지만 대리님이 현장에서 잘 마무리

해주어서 경비나 시간 낭비를 하지 않아도 되어서 정말 고마웠다.

우리 회사에서 가장 많이 일어나는 실수가 물품 오배송 사고이다. 전국을 상대로 하고 하루에 출고되는 물동량이 어머어마하기 때문이다. 수도권은 기본적으로 직접 납품을 하지만, 지방은 택배나 화물을 주로 이용한다. 그래서 주소를 잘못 기입하거나 화물 지점을 잘못 기입해서 다른 고객에게 물건이 가는 실수가 종종 있다.

지금도 술자리에서 가끔 본인이 물품 배송처를 잘못 기입해서 내가 엄청나게 혼냈다고 원망스럽게 얘기하는 예쁜 후배가 있다. 우리 회사는 전국 거점지역에 대리점을 보유하고 있었다. 대리점은 다음 날 일찍 물품을 받아야 하기 때문에 화물로 물품을 배송한다. 그런데 후배가 전북 전주지점에 물품을 보내야 하는데, 경남 진주지점으로 배송처를 잘못 기입해서 전주에 가야 할 물건이 진주로 간 화물 사고가 있었다.

그때 내 기준에서는 '전주'와 '진주'는 지역번호도 확연히 다른데 어떻게 헷갈렸는지 이해가 되지 않아서 후배를 엄청나게 야단쳤다. 당시 전주 사장님이 무척 깐깐하기로 소문난 분이셨는데, 하필이면 그 대리점 물품 오배송 사고를 내서 사후 수습에 나는 머리가 아팠다. 그러나 그 사고 이후로 후배는 배송처 확인을 한 번 더 하게 된다고 했다.

후배는 지금도 나에 대한 원망이 남아 있어서 가끔 술자리 때 이야기를 하는데, 내가 후배가 미워서 그랬던 건 아니다. 내가 그랬던 것처럼 같은 실수를 반복하지 않기를 바랐기 때문이다. 지금 이 후배는 회사에서 에이스 중의 에이스이다. 현재 무역팀 팀장을 맡고 있고 동기, 선배들을 제치고 승진도 빨랐다. 회사에서 없어서는 안 될 중추적인 역할을 담당하고 있다.

태어나자마자 걷는 아기는 없다. 누워 있다가 뒤집기를 하고, 기다가 잡고 서는 과정을 거치면서 성장하는 것처럼 사회생활도 똑같다. 아무것도 모르는 상태에서 상황과 여건에 따라 대처하는 방법을 배우게 되고, 그것을 기반으로 자신의 노하우를 쌓아가게 된다.

예전에 '미생'이라는 드라마를 재미있게 봤던 기억이 있다. 사회와 완전히 담을 쌓고 바둑이 인생의 전부인 줄 알고 살았던 장그래가 세상에 나와 회사생활에 적응해가는 모습을 그린 드라마였다. 지금 우리가 겪고 있는 모습과 너무 비슷해 많은 직장인에게 공감을 불러일으켰던 것 같다.

학교에서는 공부가 전부인 줄 알고 사회에 나갈 준비를 하지만, 대부분 이상적으로 생각하는 회사의 모습과 현실적으로 겪게 되는 회사생활과는 차이가 크다. 신입사원이라서 모르기 때문에 실수하게 되는 것이고 그런 과정을 거치면서 우리는 조금씩 배워나간다. 내가 그랬고, 나의 후배가 그랬고, 나의 선배가 그랬던 것처럼 우리는 실수를 한다. 그리고 그것을 통해서 배운다.

신입사원 때는 실수를 통해서 좀 더 성장해가며 자기 위치를 찾아가는 때인 것 같다. 그래서 조금 어리바리해도 괜찮다. 실수해도 괜찮다. 같은 실수만 반복하지 않으면 된다. 실수를 통해 무언가를 얻었다면 그걸로 좋은 것이다.

그리고 주변에 실수로 당황해 하는 동료가 있다면 괜찮다고 웃어주는 여유를 보여주자. 일반적으로 사람들은 남의 실수는 크게 생각하고 나의 실수는 그럴 수도 있는 일로 여기는 경우가 많다. 본인에게는 관대하면서 남에게는 엄격한 잣대를 들이댄다. 나부터 조금만 바꿔 생각한다면 우리가 살아가는 세상이 조금은 살기 좋은 곳이 되지 않을까. 처음부터 완벽한 사람은 없다. 신입 시절이 있었기에 지금 내가 있고, 미래의 내가 있는 것이다.

점점 세상을 알아가는 눈과 귀가 열린다

회사생활을 처음 시작했을 때 나는 남들보다 주의력이 떨어져서 많이 힘들었다. 주변 인식을 잘하지 못하고, 말귀를 잘 알아듣지 못하는 게 나의 큰 단점 중 하나였다. 이제는 오랫동안 단련되어서 동료 눈치만 봐도 무슨 일이 있는지 알아차리지만, 회사생활 초창기 때는 눈치가 없는 탓에 실수를 연발했었다.

내가 입사할 당시 우리 회사는 역삼동의 5층 건물 중에서 50평 남짓한 4층 전체를 사용하고 있었다. 한 사무실에서 여러 팀이 다닥다닥 붙어서 근무했기 때문에 다른 팀들의 업무들을 쉽게 알 수 있었다. 여직원들이 사무실에 주로 상주하고 있어서 사장님을 찾는 전화를 포함해서 회사로 걸려오는 모든 전화를 여직원들이 받아서 담당자들에게 연결해주거나 부재 시에는 메모를 전달해주었다. 회사의 가장 큰 어른인 사장님 전화는 특별히 더 신경이 쓰였다.

당시 특히 내가 여러 번 전화를 받았던 사장님 친구분이 있었다. 그 때는 귀가 정말 잘 들리지 않았는지, 항상 그분의 말귀를 잘 못 알아들어서 실수를 연발하곤 했다. 사장님께 전화를 연결하기 전에 전화 거신 분 성함을 여쭤보았다. 유독 내가 전화를 자주 받았던 사장님 친구분은 "누구시라고 전해드릴까요?"라고 성함을 여쭸더니 "장하범입니다." 이렇게 말씀하셨다. 그런데 내가 성함을 잘못 들어서 "작은할아버지요?" 이렇게 반문하는 바람에 너무 어이가 없으신지 웃음이 터졌다. 그리고 내가 너무 못 알아들으니까 "장, 하, 범입니다." 하고 한 자 한 자 또박또박 다시 말씀해주셨다.

그 이후로도 그분 전화를 내가 자주 받았는데, 그분은 내 목소리를 기억하고는 항상 성함을 여쭤보면 내가 또 못 알아들을까 봐 "장, 하, 범입니다"라고 한 자 한 자 말씀했다. 어떻게 그 이름을 듣고 작은할아버지로 알아들을 수 있었는지 지금도 웃음이 난다.

그 일이 있고 1~2년쯤 지나고 나서 회사로 부고 팩스가 하나 들어왔다. 그 팩스를 집어 드는 순간 말문이 막혔다. 장하범 씨의 부고 안내였다. 순간 기분이 묘했다. 약간 슬프기도 하고 묘한 기분이었다. 그분과의 사연을 알고 있던 몇몇 여직원들이 내가 말귀를 못 알아들어서 그분이 답답해서 돌아가신 거라고 우스갯소리를 했다. 나의 기분이 다운되어 있으니까 위로 반 장난 반으로 한 이야기지만 10년이 훨씬 지난 지금도 그분의 성함이 잊히지 않는다.

사회 초년생 때는 아무것도 몰라서 보지 못하고 알지 못했던 것들이

나이가 들고 연차가 쌓이니 하나하나 머릿속에 각인되어가는 것 같다. 회사생활을 즐겁게 재미있게 하려면 눈과 귀를 열어서 사람들을 살필 줄도 알아야 하고 다른 동료와 소통할 줄 알아야 한다. 나만 잘한다고 해서 조직이 움직이는 것은 아니기 때문이다.

회사에서 정말 100% 마음 맞는 동료를 만나기란 쉽지 않다. 다만 100%에 맞게 서로 노력하는 것이다. 나만 잘났다고 회사가 잘되는 것도 아니고, 조직이란 유기적으로 연결되어 있어서 어느 한 곳이 삐거덕거리면 문제가 발생하기 마련이다. 그래서 서로 조금씩 양보하다 보면 해결책이 보이기도 한다.

나도 회사생활을 계속하다 보니 차츰 눈과 귀가 저절로 열렸다. 예전에는 보지 못했던 것이 보이기도 하고, 옆에서 잘 들리지 않던 동료의 통화 내용도 이젠 쏙쏙 잘 들린다. 참 신기하다. 나의 의도와 상관없이 시간이 지나면서 조금씩 바뀌는 나. 회사와 같이 성장해나간다는 것이 이런 건가 싶다.

이제 제법 고참이 된 나는 회사생활을 하면서 겪었던 시행착오들을 후배들은 겪지 않기를 바라는 마음에서 싫은 소리도 자주 하게 된다. 조금만 신경 쓰면 주위 동료를 한 번 더 돌아볼 수 있는데, 요즘 젊은이들은 정말 그렇지 않은 경우가 많다. 얘기하면 잔소리로 받아들이고, 넌 잘하냐는 식의 태도면 선배 입장에서 씁쓸하고 안타까울 때가 많다. 그래도 선배면 총대를 메야 한다. 처음부터 잘 가르쳐야 좋은 습관을 갖게 되고, 같은 실수를 반복하지 않게 된다.

우리가 많이 듣는 육아상식 중에 '아이는 부모의 거울이다'는 말이 있다. 아이들은 무엇이든지 부모의 행동을 따라 하기 때문이다. 신입사원은 어린아이와 같아서 선배가 하는 행동을 그대로 복사하여 따라 한다. 그러니까 선배부터 솔선수범해서 주위를 살피고 서로 협업하면서 시너지 효과를 낼 수 있도록 모범을 보이는 게 당연하다. 선배가 먼저 센스 있게 '눈은 천리안이요, 귀는 소머즈요' 하면, 후배들은 그런 재치 있는 선배의 모든 것을 배우려고 한다. 선배는 닮고 싶은 후배의 거울이 되는 것이다.

여러분은 닮고 싶은 선배가 되고 싶은가, 머릿속에서 지워버리고 싶은 선배로 남고 싶은가? 그건 본인의 몫인 것 같다. 태도의 문제이고, 마인드의 문제이다. 후배들에게 좋은 마인드와 열정을 심어주고 싶으면 나부터 그런 마인드와 열정을 보여주면 된다. 내가 긍정맨, 열정맨이 되면 나의 후배들도 긍정맨, 열정맨이 되는 것이다. 하루아침에 쉽게 변하지 않는 게 마인드다. 후배에게 좋은 본보기가 되기 위해 선배는 그만큼 노력해야 한다.

나 또한 선배들을 보며 많은 것을 배웠다. 긍정적이고 열정적인 모습을 닮고 싶어 나 또한 그렇게 노력했다. 때로 모든 일을 항상 부정적으로 해석하는 선배나 동료도 있었다. 그들을 보면서 나중에 나는 저러지 말아야지, 후배들에게 좋지 않은 영향을 주지 말아야지 하고 다짐하고는 했다.

환경은 사람을 변하게 한다. 요즘은 형제가 많아야 하나 아니면 둘, 혹은 외동으로 자란 경우가 많다. 사랑을 독차지하며 성장했기 때문에 남에게 베푸는 것보다 받는 것에 익숙한 사람이 많다. 그래서 옆 사람을 신경 쓰고 주변을 살피는 마음이 부족한 사람이 많다. 내가 3~4년차 때 데리고 있던 후배들과 10년 차 때 데리고 있던 신입사원들의 분위기가 달랐다. 개인 중심적으로 변화한 시대 때문인 탓도 있지만, 잘 모르고 그러는 경우도 많다. 하지만 새로운 환경에서 배우다 보면 얼마든지 바뀔 수 있다. 나처럼 눈치 없고 말귀를 못 알아듣던 아이도 회사에서 몇 년 근무하다 보니 서서히 귀가 열리고 시야가 열렸다.

중소기업은 여러 부서의 사람들이 한 사무실에서 같이 근무하기 때문에 나의 작은 행동에 따라 분위가 많이 달라진다. 어려움이 있다면 지금부터라도 주위 동료나 선배들에게 나의 문제점이 무엇인지 상담을 구하고 변화하도록 노력하면 된다.

사회에서 사람들과 어떻게 관계를 맺으며 살아야 하는지에 대한 스킬을 배우기에 중소기업만큼 안성맞춤인 곳이 없다. 조금만 더 관심을 가지면 된다. 그러면 좋은 방향으로 달라졌다는 주변 동료의 칭찬을 듣게 될 것이고, 업무처리도 더욱 유연해질 것이다. 남들이 꺼리는 중소기업일지라도 나에게는 4차 산업혁명기에 맞서 살아갈 새로운 기회가 될지 모른다.

미래를 살아가기 위한 맷집부터 키워라

회사생활을 하다 보면 매사에 불만이 가득한 사람, 뭐든 긍정적으로 보는 사람, 이도 저도 아닌 사람 세 가지 부류의 사람이 있다.

첫 번째로 매사에 불만이 가득한 사람은 항상 회사에 대한 불평을 늘어놓는다. 같은 공간에 이런 사람이 있으면, 정말 열심히 일하려는 다른 사람에게 찬물을 끼얹을 때가 한두 번이 아니다. 정말 조용히 좀 해줬으면 할 때가 많다. 이 부류의 사람들은 누가 무엇을 해줘도 고마운 줄 모르고 뭐든 당연하게 여기며 매사에 뭔가 부족함을 느낀다.

우리 회사는 복지 차원에서 2년에 한 번씩 다같이 가족동반 해외여행을 간다. 내가 입사한 초에는 직원들만 갔었는데 10여 년 전부터는 가족동반으로 바뀌었다. 회사 사정이 좋았을 때도 갔었고, 회사가 어려웠을 때도 갔었다. 사장님께서는 직원들과의 약속이라 생각하시고 힘들어도 여행을 추진하셨다.

일반 직장인들이 2년에 한 번 해외여행을 가는 것은 쉬운 일이 아니다. 형편이 좋아서 갈 수 있는 사람들도 있겠지만, 온 가족이 함께 다녀오기는 금전적으로 힘든 것이 사실이다. 그런데 남편과 아이들 경비까지 회사에서 책임져주니 얼마나 고마운 일인가. 사장님 원칙이 회사 밖을 나가면 직원들이 좋은 잠자리와 좋은 음식의 최고급 환경에서 지내게 하는 것이었다.

그런데 매사에 불만이 많은 직원은 이렇게 좋은 여행을 가서도 투덜거린다. 몇 년 전에는 우리 남편이 몇몇 직원들이 모여서 '돈으로 주면 좋았을 거라고' 여행에 대한 불만을 토로하는 것을 듣고 나에게 어이없다고 일장 연설을 늘어놓았다. 회사에서 이렇게 좋은 호텔에서 편하게 가족과 시간을 보내게 해주는데, 이렇게 오려면 경비가 한두 푼 드는 것도 아닌데 고맙게 생각해야지 돈으로 달라는 게 말이 되느냐고. '컵에 물이 반이나 있네', '컵에 물이 반밖에 없잖아' 둘 중 어느 쪽으로 생각할지는 자기의 몫이다. 매사 불만이 가득한 사람 주위에는 우울하고 어두운 기운이 감돌아서 같이 있기가 싫어진다.

반대로 긍정적이고 매사에 밝은 사람 주위에는 온화하고 긍정적인 사람들이 모인다. 그래서 그런 사람은 하는 일마다 좋은 성과를 낸다. 보는 눈은 다 똑같다. 이런 사람은 회사에서도 바로 알아본다. 그래서 다른 사람들보다 진급도 빠르고 그에 맞는 포상도 받는다. 회사생활을 잘하고 싶으면 이 긍정적인 부류에 자신을 두기를 바란다.

마지막으로 이도 저도 아닌 어정쩡한 사람들이 있다. 어떤 부류에 가서는 불평불만을 늘어놓고, 다른 부류에 가서는 그 장단도 맞춰주는 이중적인 사람들이다. 회사생활에서 나에게 가장 큰 상처를 준 사람들이 바로 어떻게 보면 중립적이지만 이중적인 생활을 했던 사람들이었다. 그들은 내 앞에서는 열심히 장단을 맞춰주고 호응했으면서 뒤에서는 험담을 했다. 이런 부류의 사람들을 상대하다 보니 나는 내 방식대로 한쪽 귀로 듣고 한쪽 귀로 흘려보내는 방법을 터득했다. 그들이 무슨 말을 하든 대응하지 않으면 된다. 휩쓸리지 않고 나는 내 방식대로 하면 된다.

회사는 이렇게 나에게 현재와 미래를 살아가기 위한 맷집을 키워주었다. 내가 떳떳한데 무엇이 문제가 되랴. 이런저런 사람을 겪으면서 나는 긍정적인 마인드를 갖기 위해 자기계발 서적을 열심히 찾아 읽기 시작했다. 혹시나 나의 맘속에 남아 있는 불평불만이나 부정적인 사고를 다 없애고 싶었기 때문이다.

나도 사람인지라 때로는 투덜대고 불평불만을 한다. 그러나 그런 횟수를 줄이고 싶었고, 감정을 낭비하면서까지 그런 말들을 담고 싶지 않았다. 내가 인지하고 있으면 부정적인 감정은 사라지기 마련이다. '내가 지금 힘들고 지쳐서 괜히 투정부리고 싶고 불평불만을 늘어놓고 싶구나.' 이렇게 나의 마음을 정면으로 바라보고 인정하면 어두운 감정은 더 이상 내 것이 아니었다.

친구나 가족 관계에서도 말 한마디로 서로에게 상처를 줄 때가 많다. 나의 의도와 다르게 상대방이 받아들이는 경우도 있지만, 아무렇지 않게 내뱉은 한마디가 다른 사람에게는 상처가 된다는 사실을 잘 모르는 경우가 대부분이다. 본인이 그 입장이 되어 당해봐야 내가 왜 미처 몰랐을까 하고 자신을 돌아보게 된다. 후회하면서 남은 인생을 낭비하지 않았으면 좋겠다. 한 번 사는 인생, 웃으면서 주변과 행복하게 지내면 좋겠다.

회사생활은 어떻게 보면 나 자신과의 싸움이다. 학교 다닐 때는 부모님 품 안에 있어 사회생활의 어려움을 알지 못했다. 모든 것을 부모님이 챙겨주셔서 돈 귀한지도 몰랐고, 내가 원하면 부모님께서 다 해주셔서 아무것도 모르는 철부지였다. 그런 철부지가 사회에 나와 자리 잡으려고 하니 어찌 힘들지 않겠는가. 나와 생각이 다르다고 배척하는 동료, 네가 얼마나 잘하는지 보자는 식으로 일명 왕따 시키는 동료도 있었다. 직장생활을 하다 보면 이해되지 않는 상황들이 너무나 많다. 그만큼 사회는 냉정하고 치열한 전쟁터이다.

대부분의 사람은 이런 장애물을 만나면 뛰어넘을 생각은 하지 않고 피하려고만 한다. 그래서 사직하려는 마음을 쉽게 먹곤 한다. 그러나 이것은 최선의 방법이 아니다. 회사는 환경도 다르고 생각이 다른 사람들이 모인 집단이라서 어딜 가나 일명 또라이 같은 사람들이 있기 마련이다. 내가 자리 잡기 위해서는 그런 장애물들을 게임을 하듯이 하나씩 뛰어넘는 수밖에 없다.

이 글을 읽는 누군가도 나처럼 이런 경험이 있을 것이고, 어느 누군가는 지금 이런 상황에 처해 있을지도 모른다. 그들에게 이런 사소한 것에 체력을 낭비하지 말고 그들을 그냥 나와는 다른 생각을 가진 존재로 인정해버리면 마음이 편해진다고 얘기해주고 싶다.

우리가 잘 알고 있는 다윗왕의 반지 일화를 떠올려보자. 유대교의 경전 주석서인 미드라쉬(Midrash)를 보면 다윗왕의 반지라는 글이 나온다.

어느 날 다윗왕은 궁중의 세공인을 불러 본인을 위해 아름다운 반지를 만들 것을 명령했다. 전쟁에서 승리를 거두어 환호할 때 지나치게 들떠 오만하지 않도록 하고, 패배를 겪었을 때 헤어나지 못할 정도로 좌절하지 않도록 하는 글귀를 반지에 새겨오라는 명령을 받은 세공인은 깊은 고민에 빠졌다.

권력과 부와 명예를 얻었을 때 자칫 빠지기 쉬운 교만을 이기고, 실패와 치욕과 가난 속에서도 절망하며 쓰러지지 않는 용기와 희망을 북돋을 수 있는 글귀는 무엇일까? 아무리 고민해도 이 기묘한 수수께끼를 풀 수 있는 한마디를 찾아낼 수 없었던 세공인은 지혜로운 사람으로 널리 알려진 솔로몬을 찾아가 도움을 청했다.

잠시 후에 솔로몬이 그에게 '이것 또한 지나가리라'라는 귀한 말을 일러주었다.

이 일화처럼 우리가 처한 힘듦과 어려움도 곧 지나가고 새로운 행복이 나를 기다리고 있을 것이다. 예전에 김연아 선수가 썼던 〈김연아의 7분 드라마〉라는 책에서 이 다윗왕의 일화를 처음 읽었는데 너무 공감이 가는 말이었다. 강한 정신에 긍정적인 사고를 가진 사람들은 본인이 처한 어려움도 인생의 길목에서 만나는 돌부리로 여기고 유연하게 넘기는 것 같다. 김연아 선수도 세계적인 피겨스케이팅 선수로 성장하기까지 많은 어려움을 겪었지만, 그것을 발판으로 삼아 큰 꿈을 품고 나아갔기에 세계정상의 자리에 도달할 수 있었다.

사회에 나올 청년들은 이제 부모의 그늘에서 벗어나 자신의 자리를 꿋꿋하게 잡아가야 한다. 더는 학교라는 울타리에서 보호받는 학생이 아니라 자신의 인생을 책임지고 설계해 나아가야 할 인생의 디자이너라는 인식이 필요하다.

이 인생의 디자인을 어디에서 어떻게 시작할 것인가? 나는 인생의 디자인을 중소기업에서 시작했다. 중소기업은 정말 신기한 요술박스 같다. 꺼내고 꺼내도 계속 무엇이 나온다. 그리고 그 꺼낸 것을 통해서 나는 문제해결 방법을 하나씩 터득해나갔다. 이런 요술박스 같은 중소기업, 너무 매력적이지 않은가?

회사 분위기, **내가 만들고** 이끌어갈 수 있다

우리는 일상을 살아가면서 '분위기를 탄다', '분위기가 좋다' 등 분위기에 대해서 자주 이야기한다. 사람마다 각자 가지고 있는 분위기가 있고, 음식점이나 카페도 그 가게에서만 느껴지는 분위기가 있어서 금세 호불호가 갈린다. 처음 찾아간 가게이지만 왠지 분위기가 좋아서 앞으로 자주 찾게 될 것 같은 느낌을 받을 때도 있다. 그러면 그 가게는 단골 가게가 된다.

이렇게 사람의 마음을 움직이는 것이 분위기이다. 왠지 편안해지고 기분 좋아지는 느낌, 우리가 하루의 절반 가까이를 보내는 직장이 이렇게 가고 싶은 곳이 된다면 좋지 않을까 생각해본다.

중소기업은 특히 기업만의 분위기와 문화를 가지고 있는 곳이 많다. 우리 회사는 가족적인 분위기의 회사이다. 직원들의 경조사에는 사장님을 비롯한 모든 직원이 참석하는 것을 원칙으로 한다. 우리는 우스갯소리로 '경조사 장소에서 출석체크를 한다'고 한다. 입사 초에는 이런 가족적인 분위기가 부담스러울 때도 있었다. 그런데 그것이 회사의 분위기, 문화라는 것을 이해하게 되면서 서로 챙겨주는 회사 분위기를 좋아하게 되었다. 이런 좋은 사내 문화를 유지하고 이끌어가는 사람은 직원 모두이다. 중소기업은 대기업처럼 거대 조직이 아니다 보니 직원들이 서로 가족관계, 사는 곳, 애정사 등 모르는 것이 없다. 그만큼 서로에게 관심을 가져주고 챙겨주는 따뜻한 제2의 보금자리이다.

소풍 가기 전날 기대감에 밤잠을 설치고, 아침에 일어나자마자 학교로 향했던 기억이 있을 것이다. 회사생활을 하면서도 회사 가는 것이 즐거워 일찍 집을 나서서 출근한 경험도 있다. 한참 팀원들과 협업이 잘되어 회사 일이 즐겁고 가시적인 성과가 눈에 보였던 때라 이런 생각이 들었던 것 같다. 회사 업무에 스트레스는 있었지만 기분 좋은 스트레스로 느껴졌다. 당시 팀원끼리 으쌰으쌰하면서 일을 했고 이런 기분 좋은 분위기가 다른 팀에게도 긍정적인 에너지를 전달해 회사 전체에 좋은 기운이 감돌았다.

어떻게 보면 집에서 잠자는 시간을 제외하면 가족보다도 더 많은 시간을 같이 보내는 사람이 직장 동료다. 직장 동료와 직장 분위기가 좋으면 하루가 즐겁고 일상이 즐겁다. 회사 분위기, 팀 분위기가 좋았을 때 최고매출을 달성했었고, 나를 둘러싼 주변 환경도 다 같이 긍정적인 영향을 받아서 좋았던 것 같다. 이런 좋은 영향이 한 사람의 힘으로 될 수 있을까? 이런 분위기는 모든 직원이 함께 만들어가는 것이고 같이 이끌어가는 것이다. 그래서 서로 챙겨주는 분위기의 중소기업이 나는 좋다. 가식없이 진정으로 마음에서 우러난 따뜻함을 나부터 배우고 실천하게 된다.

우리가 보통 생각하는 회사는 경제적인 것과 직결되기 때문에 이해관계로 부딪히고 경직된 곳이라고 생각하기 쉽다. 때로는 업무 과다나 동료 간의 트러블로 힘들 때도 있다. 이런 문제는 기업의 규모를 떠나 어느 조직에서나 있는 것들이다.

그러나 중소기업에서는 이런 일이 발생하면 모든 직원이 관심을 가지고 해결하려고 노력한다. 사장님이 갑자기 불러서 금일봉을 건네며 술 한잔하라며 따뜻한 말을 건네기도 한다. 항상 회사 분위기를 즐겁게 이끌던 우리 회사의 이사님은 아무것도 모르는 척 후배들을 단골집으로 데려가 맛있는 음식을 사 주기도 했다.

내가 함께하고자 하는 마음만 있다면 중소기업에서는 이런 경험이 얼마든지 가능하다. 비단 내가 몸담았던 회사가 아니어도 이런 따뜻한 문화를 가진 중소기업이 주변에 많이 있다. 우리가 찾지 않을 뿐이지 찾고자 한다면 얼마든지 있다.

세상은 자꾸 변해간다. 2016년 3월에 있었던 이세돌 9단과 알파고의 바둑대결이 세계적 이슈가 된 것을 알고 있을 것이다. 구글 딥마인드(Google DeepMind)가 개발한 인공지능 바둑프로그램인 알파고(AlphaGo)가 이세돌 9단에 4 대 1로 승리한 사건이었다. 세상 전문가들은 인공지능인 알파고가 승리할 거라고 예상하지 못했다. 그러나 결과는 알파고의 압승이었다.

과학기술이 발달하면서 우리의 주변생활과 사회도 급속도로 변해가고 있다. 머지않은 미래에는 많은 일자리를 로봇이나 컴퓨터가 대신하게 될 것이다. 인간이 설 자리가 자꾸 줄고 있다. 이런 시대를 우리는 어떻게 준비해야 할까?

이런 세상에서 나의 자리를 만들려면 다양한 경험을 쌓아 나의 주특기를 개발해야 한다. 한 업무만 해서는 내가 무엇을 잘하고 나의 주특기가 무엇인지 알 수 없다. 여러 부서의 업무를 직접적이든 간접적이든 경험해봐야만 나만의 데이터 축적이 가능하다.

중소기업은 그런 경험을 얻기에 안성맞춤인 장소다. 나도 다양한 업무를 경험해보면서 내가 무엇을 잘하고 어떤 업무를 할 때 가장 즐거운지 알 수 있었다. 중소기업은 이런 경험이 가능하다. 수천, 수만 명이 있는 조직이 아니다 보니, 회사 분위기도 내 노력에 따라 바꿀 수 있다. 내가 바뀌면 옆에 있는 동료도 변하고, 팀 분위기가 회사의 문화가 된다.

생각이 여전히 과거에 머물러 있다면 생각부터 바꿔야 한다. 작은 생각의 차이가 나의 미래를 결정한다.

과거가 아니라 미래를 보며 사는 삶

회사에 입사해서 나에게 주어진 첫 업무는 영업지원 업무였다. 전국의 전화국에서 제품을 문의하거나 제품 발주를 내면 주문 접수를 받아서 출고 조치를 하고 세금계산서 발행까지 하는 것이 나의 주 업무였다. 주 고객은 KT((구)한국통신), 지역 대리점, SO 사업자(종합유선방송), 통신 관련 공사업체, 납품업체 등이었다. 대부분 고객을 전화로 만나다 보니 상냥함은 기본이고, 민첩하게 고객의 요구 사항에 응대해야 했다.

신입사원 때는 모르는 제품이나 용어가 있으면 고객에게 '죄송합니다. 제가 신입사원이라서 잘 몰라서 그러는데, 확인하고 다시 연락드리겠습니다.' 이렇게 얘기하고 연락처와 성함을 메모한 후 선임 선배들에게 문의해서 재상담을 하곤 했다. 내가 1~2년 차 때 제일 많이 사용했던 말이 '죄송합니다. 제가 신입사원이라서 잘 몰라서요'였다. 그렇게 2년

이 지나고 3년 차가 되었다. 3년 차라고 해도 제품의 기술적인 부분까지 상담하기에는 실력이 많이 부족한 상태였다.

그러던 어느 날 KT 함양지점 직원이 제품 문의를 해왔다. 내가 모르는 기술적인 부분이라서 습관적으로 고객님에게 "죄송합니다. 제가 신입사원이라서 잘 몰라서요. 확인하고 연락드리겠습니다." 이렇게 말씀을 드렸더니, 그분이 대뜸 하시는 말씀이 경상도 특유의 억양으로 "아가씨, 아가씨 작년에도 나한테 신입사원이라고 했던 것 같은데, 언제까지 신입사원이에요?" 이렇게 반문을 하셨다. 그분은 그동안 나와 몇 번 통화하셔서 내 목소리를 기억하고 있었던 것이다. 순간 창피하기도 하고, 많이 당황했다. 그때부터 나는 신입사원이라는 단어를 절대 사용하지 않았다. 그 직원분 덕분에 한 가지 깨달음을 얻었다.

회사생활을 하다 보면 직간접적으로 수많은 사람을 만나게 되고 그 속에서 나는 새로운 것을 배우게 된다. 내가 업무적으로 이렇게 만난 사람이 수백, 수천 명은 될 것이다. 그 많은 사람과 상담하면서 배운 것도, 느낀 것도 많다. 전국의 KT 직원들을 상대하다 보니 지역마다 특색이 있어서 맞추려고 많은 노력을 했다. 상황에 따라 한 달에 자주 통화하는 사람과는 20번도 넘게 통화했다. 그중에는 유선상으로 친해져서 "오래간만에 서울말 들으니 좋네요. 언제 이쪽에 내려올 일 있으면 연락해요. 맛있는 음식 대접할게요."라고 말씀해주시는 분들도 있었다. 그냥 인사로 건넨 말씀일 수도 있지만, 무척 고마웠다.

실제로 고객들을 직접 만날 기회는 많지 않다. 회사로 찾아와서 물건을 구매하는 몇몇 분들과의 만남을 제외하고는 나의 업무는 대부분 전화를 통해서 이루어지는 일들이었다. 1년에 한 번씩 열리는 KT 선로 현대화 장비 전시회나 코엑스나 킨텍스의 통신장비 전시회가 내가 고객들을 직접 얼굴을 대면하여 제품을 설명하고 상담할 수 있는 통로였다. OSP(OUT SIDE PLANT_통신 선로 장비)제품에 대해서 아무것도 모르던 내 눈에 어느새 회사에서 생산하고 취급하는 제품들이 들어오고 길을 가다 전봇대나 건물에 우리 회사 제품이 설치되어 있으면 너무 뿌듯해서 한참 서서 바라보았다. 남들이 원하는 대기업은 아니지만, 작지만 강한 중소기업이 우리 회사라는 것이 너무 자랑스러웠다.

사람들은 과거를 회상하며 그 시절로 돌아간다면 정말 열심히 살 거라고 얘기한다. 나도 힘들 때는 퇴근길에 동기들과 밉상인 선배들을 안주 삼아 한잔하면서 치열하게 생활했다. 그래도 다시 과거로 돌아가고 싶으냐고 물어보면 나의 대답은 "NO"다.

사람들은 보통 과거 얘기를 자주 한다. 옛날에는 내가 어땠고, 얼마나 잘나갔는지 아느냐고, 예전에 한참 잘 나갔던 그때가 참 좋았다고 하면서 그 시절 이야기를 밤새도록 한다. 그러나 우리가 사는 지금은 현재이다. 앞으로 살아가야 할 시간은 미래이다. 언제까지 과거의 영광에 머물러서 시간을 낭비할 것인가.

과거에 내가 어떤 사람이었고 어땠는지는 중요하지 않다. 신입사원이어서 많은 실수를 했고, 잘 몰라서 허둥지둥했던 그 시간은 말 그대로 과거이다. 그 시간을 발판으로 현재 내가 이 자리에 서 있는 것이다. 나는 현재를 살고 있고, 미래를 살아가야 할 사람이기에 과거에 실수했더라도 앞으로 열심히 잘하면 되는 것이다. 예전에 몰랐던 부분이 있다면 지금부터 다시 공부하면 되는 것이다.

나도 후배들이 들어오면 우스갯소리로 '지금의 KT가 예전에는 한국통신이라는 공기업이었고, SK가 선경이라는 비디오테이프 만드는 회사였고, 그때는 인터넷이 4메가, 8메가였다. 넌 4메가 ADSL 써봤니? 시티폰은 아니?' 하고 물어보고는 했었다. 반은 우리 회사가 정보통신 관련 기업이기 때문에 통신의 흐름을 알려주려는 의도였고, 반은 우리가 통신을 선두하는 기업이라는 것을 자랑하고 싶은 마음이었다. 과거의 히스토리를 자랑스럽게 얘기해주지만 자기가 하는 일에 자부심을 가지기 바라는 교육차원이지 다른 의도는 없다.

과거의 영광에 숨어 살지 말고 밖으로 나와야 더 큰 그림을 볼 수 있다. 그래야 남들보다 한 발자국 앞서 갈 수 있다. 그래서 난 과거로 다시 돌아가고 싶은 생각이 전혀 없다. 현실에 더 충실하고 싶고, 살아갈 날이 많은 미래를 위해 더 투자하고 노력하고 싶다. 우리는 4차 산업혁명기를 살아가야 할 사람들이다. 경험하고 배운 지식을 바탕으로 4차 산업혁명기, 5차 산업혁명기를 개척해나가야 한다.

18세기의 증기기관 기반의 1차 산업혁명, 19세기~20세기 초에 전기에너지 기반으로 대량생산이 가능한 제2차 산업혁명은 100년 이상을 걸쳐서 이루어졌다. 20세기 후반, 50년 이상의 시간에 걸쳐 이루어진 컴퓨터와 인터넷 기반의 지식정보 혁명인 제3차 산업혁명은 우리 삶을 바꿔나갔다.

하지만 지능정보기술을 바탕으로 한 제4차 산업혁명은 10년 안에 우리의 삶을 탈바꿈할 거라고 전문가들은 예상하고 있다. 우리는 앞으로 살면서 많은 변화를 맞게 될 것이고, 그 변화에 편승하지 못하면 도태되고 말 것이다. 그래서 과거에 갇혀 있으면 안 된다. 시대의 흐름을 읽을 줄 알아야 하고, 변화의 물결에 올라타려면 우리 자신을 성장시켜야 하고 다방면으로 생각하게 할 수 있는 환경에 내 몸을 둬야 한다.

난 그곳이 중소기업이라고 생각한다. 중소기업 안에서라면 다양한 경험과 업무를 통해서 임기응변뿐만 아니라 상황별 대처능력들을 배울 수 있기 때문에 앞으로 다가올 4차 산업혁명기, 그리고 5차 산업혁명기를 제대로 보낼 수 있다.

우리가 살면서 몇 번의 혁명기를 겪을지 아직 알 수 없다. 하지만 확실한 것은 미래를 준비할 수 있는 팁이 중소기업 안에 있다는 것이다. 중소기업에서 자신이 경험할 수 있는 것들은 무조건 다 시도해라. 주변을 의식할 필요도 없고, 나의 미래를 확실하게 개척하고 싶다면 다양한 사고를 할 수 있는 곳에 있어야 한다. 중소기업에서의 5년, 10년이 앞으로 내가 살아가야 할 50년, 100년을 책임져줄 것이다.

내공이 쌓이면 세상 살아가는데 두려움이 없다

회사 생활뿐만 아니라 인생을 살아가다 보면 많은 시행착오를 겪게 된다. 오랜 시간을 투자해서 준비해온 프로젝트가 실패로 끝나거나 열심히 공부한 시험에서 좋지 않은 결과를 얻게 되면 우리는 크게 낙심을 하게 된다. 그래서 '다른 사람들은 다 잘되는데 나는 왜 안 되는 걸까? 내가 무엇이 부족하지?' 고민하며 실패한 원인을 찾게 된다. 그러나 아무리 고민해도 잘못된 결과는 바꿀 수가 없다. 그 결과를 받아들이고 다시 마음을 잡고 그 자리에서 다시 시작하는 수밖에 없다.

조직의 다양한 분야에서 오랫동안 일해보면서 모든 것들이 내 마음처럼, 내 욕심처럼 되는 것이 아니라는 것을 알게 되었다. 내가 몸담았던 회사는 통신제품을 생산하고 그 생산된 제품을 통신사에 납품하기 때문에 통신사 입찰이 자주 있는 편이다. 해외 입찰도 그렇지만 국내 입찰은 해외 못지않게 경쟁이 치열하다. 요즘같이 저성장 시대에 어떻게든 살아남기 위해서 무리수를 두는 업체들도 많다. 최소 마진도 안 되는 금액에 입찰에 참여했는데도 1%도 안 되는 소수점에서 희비가 결정 날 때도 있다.

오랜 시간 동안 자료를 분석하고, 회의를 여러 번 거쳐서 결정된 결과로 투찰해도 안 되는 경우가 종종 있다. 입찰을 준비해온 담당자들은 맥이 빠지고 의기소침해지고 경영자 눈치도 보이고 정말 가시방석에 앉아 있는 기분이 된다. 그렇다고 그 자리에서 주저앉을 수는 없지 않은가? 오늘이 마지막이 아니라 다음 사업을 준비해야 한다. 실패 원인이 무엇인지, 어느 부분에서 판단을 잘못했는지 원인파악이 우선이다. 그래야 다음번에 같은 실수를 반복하지 않게 된다.

실패를 실패로 그냥 지나쳐버리면 다음에 희망이 없다. 잘못된 부분의 원인이 무엇인지 파악하고, 그 데이터를 분석하고 보관해둬야 다음번에 참고자료로 사용할 수 있고 같은 실수를 반복하지 않는다.

내가 오랜 세월을 살지는 않았지만, 인생을 살다 보니 고비라는 것이 가끔 찾아온다. 우리의 인생은 마치 롤러코스터와 같다. 지금 이 순간이 너무 힘들어서 어떻게든 벗어나고 싶고 주저앉고 싶을 때가 있다. 우리는 사람이기에 이런 감정들을 갖는 것이 당연하다.

그런데 포기하기에는 지금까지 버텨온 시간이 너무 아깝지 않은가? 정신을 똑바로 차리고, 자신의 가능성을 믿고 포기하지 않으면 다시 길이 보이기 시작한다. 지금 위치가 바닥이라고 생각하면 이제 올라갈 일만 남는다. 우리는 롤러코스터 안에 있다.

우리가 경제학 시간에 배운 경기순환을 보더라도 경제는 '호황기→후퇴기→불황기→회복기'를 반복하게 된다. 어떻게 보면 경기나 우리 인생이나 이런 반복적인 롤러코스터 위에 있는지 모르겠다. 롤러코스터가 출발했는데 무서워서, 힘들어서 못 타겠다고 중간에 뛰어내리면 어떻게 되겠는가? 결과는 뻔하다. 사고로 이어진다.

일단 롤러코스터에 탔으면 현실을 받아들이고 우리의 몸을 그곳에 맡기고 순응하는 수밖에 없다. 순응하기로 마음을 먹었으면 그 현실을 즐기고 받아들이자. 그러다 보면 과거에는 미처 보지 못했던 주변이 눈에 들어오고 새로운 경험을 쌓아가게 된다.

회사는 최적의 시스템을 찾기 위해서 중간중간에 조직을 개편한다. 나도 갑자기 우리 팀이 해체되어 다른 팀에 통합되거나 신생팀이 만들어져 팀원이 이동하기도 했다. 내가 생각하기에 현재 우리 팀이 가장 효율적이고 정예 멤버라고 생각했고 조금만 더 시간을 주면 성과를 낼 수 있을 거라고 생각했다. 그런데 회사 입장에서는 기다려 줄 여유가 없었다. 하루가 다르게 변화하는 통신시장에서 살아남기 위해서는 빠르게 그 흐름에 대처하고 변화해야 한다. 그래야 회사가 살아남을 수 있다. 그러나 자고 나면 변하는 세상에 적응하기란 쉽지가 않다. 나도 그랬다.

정들었던 우리 팀이 갑자기 해체된다는 소식을 접했을 때는 너무 허탈해서 심적으로 매우 힘들었다. 그렇다고 그 일로 회사를 그만둘 것도 아니고 현실을 받아들이고 내일을 준비하는 수밖에 나에게는 다른 선택권이 없었다. 이렇게 오르락내리락을 반복하는 회사생활 속에서 나는 조금씩 내성을 키우고 단단해졌다. 후퇴하는 것이 아니라 그 속에서 조금씩 성장해가고 있는 것이다. 한 가지 업무만 했다면 내가 제대로 가고 있는지 의문을 제시하지 못했을 것이다. 이 업무 저 업무를 수행하다 보니 개선점도 알게 되고 다음을 기약할 수 있었다.

이런 것들을 받아들이고 이해하기까지 많은 시간이 걸렸다. 그러나 하루가 다르게 변화하는 세상에서 내가 무엇을 준비해야 하고, 내가 중심을 잡고 앞으로 나아가야 할 곳은 어디인지를 배워나가면서 나에게도 많은 변화가 있었다. 이제는 내성이 생겨서 새로운 일에 대한 두려움이 없다. 지금까지 수많은 일을 겪어왔기 때문에 뒤로 주춤하는 것이 아니라 '그래, 한 번 해보자'는 생각부터 든다.

오늘도 우리는 무언가에 열중하고 준비를 하고 있다. 우리가 하는 일에 쓸데없는 일이라는 건 없다. 언젠가는 나에게 새로운 결과로 다가올 것이다. 조금 늦게 가고, 지금 하는 일이 실패했다고 앞으로 남아 있는 내 인생까지 실패한 것은 아니다. 과거의 내가 있었기에 지금의 내가 있는 것이고, 미래의 내가 기다리고 있는 것이다. 현실을 담담하게 받아들이기를 바란다.

'나는 실패를 믿지 않는다. 과정을 즐겼다면 그것은 실패가 아니다.'

오프라 윈프리의 말처럼 인생에서 실패란 없다. 잠깐 주춤할 때가 있을 뿐이다. 언제든 심호흡하고 다시 일어서서 나아가면 된다.

Chapter 3

회사가 10배 성장하면
나는 100배 성장한다

스타트업 기업에서 **새로운 인생을** 시작하다

기회라는 것은 우리가 미처 생각하지 못한 곳에서 온다. 그리고 대부분 사람은 그것이 나에게 찾아온 기회라는 것을 알지 못한다. 내가 그랬다. 난 중소기업에서 사회생활을 시작했다. 그때는 알지 못했지만 중소기업에서 장기근속하면서 배웠던 모든 것이 나의 인생에서 새로운 기회를 만들어주었다.

나는 중소기업에서 16년을 재직했다. 중소기업에 입사할 당시 대기업에 들어간 친구도 여럿 있었고, 선생님과 공무원으로 사회생활을 시작한 친구들도 있었다. 사회생활의 출발점은 모두 달랐다. 대기업에 다니는 친구들을 부러워했던 적도 있었고, 방학이 있는 교사 친구들을 부러워하기도 했다. 그러나 세월이 훌쩍 지난 지금은 그 친구들이 전혀 부럽지 않다. 역으로 친구들은 항상 끊임없이 무언가에 도전하고 준비하는 나를 부러워한다.

기회는 준비된 사람에게 오고, 마음먹기에 따라서 얼마든지 원하는 대로 만들어나갈 수 있다. 회사에서 16년을 근무하는 동안 항상 배우려고 했고, 주어진 업무에서 성과를 내려고 최선을 다했고, 주변을 살피려고 노력했다. 이런 시간이 차곡차곡 쌓이다 보니 나에게도 기회라는 녀석이 찾아왔다.

내가 입사했을 당시만 해도 우리 회사는 역삼동의 5층짜리 작은 건물 4층을 사용하고 있었다. 50평 남짓한 평수였고 직원은 20여 명뿐이었다. 회사는 매년 성장해나갔고 내가 입사한 지 7년 만에 역삼동에 4층짜리 사옥을 짓게 되었다. 내가 입사할 당시에는 10여 년의 역사를 가진 회사였는데, 올해 30주년을 맞이했다. 당시 20억 남짓이었던 회사 매출은 지금 10배 이상 성장해서 200억을 넘나들고 있다. 회사가 10배 성장하는 동안 그 안에 속해 있던 나는 10배, 100배 성장을 거듭했다.

당시에는 몰랐는데 시간이 지난 지금 중소기업 안에서 배운 경험과 지식이 내가 제2의 인생을 살아갈 수 있는 원동력이 되고 있다. 간판을 중요하게 생각하고 현실적인 것을 중시하는 보통 사람들에게 중소기업은 메리트 없는 볼품없는 곳으로 취급되는 것이 요즘 현실이다. 선망의 대상이 아니다.

그러나 중소기업의 강점을 제대로 보지 못해서 그렇게 생각하는 것이다. 중소기업의 수혜자로서 나는 자랑스럽게 얘기할 수 있다. 중소기업에서 근무하는 동안 여러 부서에서 다양한 업무를 접하고 많은 것을 배웠다. 회사의 기본인 관리부터 영업, 마케팅, 기획, 생산, 물류, 품질

관리, 고객관리, 전산 등 전방위에서 활동했다.

중소기업 특성상 한번 발을 담그면 그 업무가 본인의 업무가 되므로 보통 직원들은 일을 하나라도 더 맡게 될까 봐 피하는 경우가 대부분이다. 업무가 가중되면 힘들고 스트레스를 받는 건 누구나 같다. 그러나 내가 어떤 마음가짐이냐에 따라, 업무를 어떻게 바라보느냐에 따라 힘들었던 시간이 가까운 미래에 나에게 플러스 요인으로 작용한다. 중소기업에서 오랫동안 근무했던 시간 덕에 지금 나는 제2의 인생을 시작하는 기회를 얻었다.

도전하는 삶이 즐거운 이유

회사에 있는 동안 항상 최선을 다했기 때문에 오랫동안 근무한 회사를 퇴사하는 것에 후회는 없었다. 장기근속한 회사를 그만둔다고 했을 때 가족과 주변 지인들이 많이 말렸다. 이렇게 좋은 대우를 해주는 회사를 다시 만나지 못할지도 모른다며 특별한 일이 아니라면 계속 다니는 게 좋겠다고 조언했다.

하지만 나는 나 자신을 믿었고, 지금까지도 잘해왔기 때문에 새로운 일에 도전해보고 싶었다. 우리는 한 달 일해서 한 달 생활하는 급여생활자이다. 가정을 꾸려가는 급여생활자에게 휴식은 어떻게 보면 사치일 수 있다. 하지만 박수 칠 때 떠나라는 말이 있듯이 후회 없이 감사한 마음만 있을 때 회사와 이별하고 싶었다.

회사를 그만두고 몇 개월 동안 나는 그동안 해보고 싶었던 것들을 작성해서 하나하나 해보았다. 혼자 여행도 가보고, 아이들과 신 나게 놀기도 하고, 평일 낮에 극장에서 영화도 보고, 학원도 다니고, 공부도 하고, 책도 읽고, 외국인 학생들에게 한국어를 가르치는 한국어 자원봉사 활동도 몇 개월 해보았다. 회사를 퇴사하고 보냈던 몇 개월이 회사 다닐 때보다 훨씬 바쁘게 생활한 시기였다.

이런저런 활동을 하다 보니 우연한 계기에 중소기업에서 장기 근무한 나의 이력이 마음에 든다는 스타트업 기업 대표님이 같이 일해보지 않겠느냐고 제안해오셨다. 평소에 내가 관심 있는 방송, 엔터테인먼트 분야이고 배워보고 싶었던 일이라서 나는 바로 참여를 결정했다.

첫 회사에서 다져진 기본기를 가지고 나는 인생의 제2여정을 시작했다. 스타트업 회사라서 배울 것도 많고 준비해야 할 것들이 많았다. 하지만 하루하루가 설레고 즐겁다. 새로운 것을 알아가는 즐거움도 있고 막연하게 생각했던 것이 구체화되면서 새로운 꿈을 갖게 되었다. 그 꿈을 한 계단 한 계단 올라가면서 어려움도 만나게 되고 행복도 만나게 될 거란 것을 안다. 내가 지금까지 그랬던 것처럼 긴 여정이 다시 시작되었다.

인생에 정답은 없다. 사람마다 만족하는 삶이 다르고, 생각하고 꿈꾸는 목적지가 다르다. 주변과 비교하면서 나를 탓할 필요도 없고, 나는 나의 길을 가면 된다. 내 인생에 질문을 던지는 사람도 나이고, 답을 내는 사람도 나 자신이다. 내 인생의 답을 내는 것을 누군가에게 미루지 말아야 한다.

지금 조금 지치고 힘들더라도 노력하고 찾다 보면 내가 알고 싶은 답과 마주하게 되는 날이 올 거라 믿는다. 나는 이 답을 내가 장기간 근무했던 중소기업에서 찾았다. 그래서 새로운 꿈을 꾸게 되었고, 새로운 목적지에 도달하기 위해서 도전할 힘을 얻었다. 지금 시작한 제2의 인생의 여정에서 내가 과거에 겪었던 시행착오들을 다시 겪을지도 모른다. 그러나 그동안 중소기업에서 여러 풍파를 잘 견뎌왔고, 그 속에서 단단해져 왔기 때문에 두려움은 없다. 힘내서 새로운 인생의 여정을 다시 떠난다.

자기 분야의 **전문성을 살려** 사장이 된 선후배들

회사에 오랫동안 몸담고 있다 보면 많은 사람을 만나게 되고 다양한 인간관계를 맺게 된다. 나는 지역과 연령, 성별이 다양한 고객과 거래처 담당자, 같은 목표로 달려가는 동료와 함께였다. 그들 중에는 에너지가 넘치고 재치 있는 사람들이 있었다. 그런 사람들은 무엇을 해도 항상 즐겁게 한다. 그리고 회사에서 주어진 업무를 제대로 배워서 내 것으로 만들고, 자기 자리를 갈고 닦은 다음에 새로운 인생을 위해서 회사를 떠나기도 한다.

전문성을 살려 통신 계측기 회사의 사장이 되다

내가 입사했을 때 회사에서 취급하고 있는 모든 통신 계측기를 부업무로 담당하고 있는 영업팀 K대리가 있었다. 영업팀 소속이라서 통신회사, 관련 공사업체, 납품업체 등 현장영업이 주 업무였는데도 계측기 분야에서는 회사 내에서 전문가로 통했다. 3M, YOKOKAWA, WILCOM, METROTECH 측정기를 비롯한 다국적 기업의 계측기뿐만 아니라 국내에서 유통되는 측정기들까지 모르는 게 없을 정도로 이 분야에서는 최고였다. 외부에서 계측기에 대한 기술 문의가 오면 거의 모든 상담을 K대리가 담당했다. 신제품이 들어오거나 기존 제품들의 현장 필드 테스트나 교육 요청이 오면 K대리가 모든 부분에서 대응하다 보니 계측기 분야에서는 반 전문가 수준이었다.

K대리는 내가 회사에 입사하고 얼마 지나지 않아 과장으로 승진했고 회사에서 인정받는 자리에 있었다. 그 이후로 2~3년 더 근무하고 회사를 떠났다. 계측기를 주로 취급하는 중소기업에서 2년 남짓 근무하면서 내공을 더 쌓더니 얼마 후 계측기를 전문적으로 수입 유통하는 통신대리점을 창업하면서 독립을 선언했다. 자신의 전문분야인 계측기를 아이템으로 창업했기 때문인지 K대리의 회사는 해가 갈수록 매출이 신장되었다. 지금은 회사원 시절 연봉의 10배 이상의 매출을 올리면서 매년 성장을 거듭하고 있다.

중소기업에서는 다양한 분야의 업무를 배우고 익힐 수 있다. 그중에서 본인에게 맞고 재미있는 분야를 찾을 수 있다. 그 분야를 전문적으로 특화시키고 발전시키면 회사 창업도 가능하다.

현재 K사장은 창업에 성공하여 10년 이상 본인의 회사를 키워나가고 있다. 국내외 통신시장을 모니터링 하면서 새로운 신제품이 나오면 먼저 정보를 알고 그 제품을 공부한다. 그래서 '통신 측정기' 하면 고객들은 K사장의 이름과 회사를 가장 먼저 떠올리게 되고, 문의가 있으면 먼저 연락한다. 중소기업에서 본인의 미래 성장동력이 될 수 있는 아이템을 찾았고, 그 아이템을 가지고 제2의 인생을 멋지게 시작한 것이다. 작은 관심의 차이가 중소기업의 직원에서 한 회사의 오너로 거듭나게 해주었다.

작은 호기심으로 통신 기자재 유통 사장이 되다

회사 10년 차 때쯤 훤칠하고 훈남인 후배가 회사에 입사해서 한동안 이슈가 된 적이 있었다. 외모도 준수했지만 긍정적이고 매너가 좋아서 직원들에게도 좋은 인상을 주었던 신입사원이었다. 그 후배는 물류관리팀에 입사해서 회사에서 취급하고 있는 모든 제품을 납품관리하며 회사 전체적인 물류시스템을 관리하는 일을 주로 했다.

우리 회사는 통신3사와 관련된 공사업체, 납품업체, SO사업자 등에 제품을 공급하고 있었다. 대기업 통신회사에 제품을 납품하기 위해서는 그 회사의 협력사로 등록되어 있어야 하고 협력사로 등록된 여러 업체와 입찰 경쟁을 통해서 낙찰되면 해당 제품을 1년간 납품할 수 있는 자격을 얻었다. 당시 우리 회사에서 생산하거나 수입하는 제품들은 기본적으로 해당 기업체의 통신몰을 통해서 납품이 진행되고 있었다. 그러나 시장에서 유통되는 상품들은 통합 경쟁입찰을 통해서 납품업체를 선정하고 있었다. 시장 유통 상품들은 주로 청계천, 용산, 구로 유통상가 등에서 구입해서 납품이 이루어졌다.

이 후배는 기본적으로 하루에 한 번은 청계천과 용산, 구로 등의 통신상가를 다니면서 현장 실무와 유통의 기본을 배우게 되었다. 이 후배가 자주 했던 말이 "나중에 회사를 그만두면 잡자재 유통사업을 할 거예요. 알면 알수록 대박 아이템인 것 같아요."이었다. 그는 하루가 다르게 변화하는 통신제품들의 유통 흐름을 배울 수 있고 제품을 알아가는 것이 정말 재미있다고 했다. 회사에서 취급하는 주요품목이 아니면 우리는 보통 시장 유통 제품을 통신 잡재자라고 불렀다. 그 후배는 이 통신 잡자재에 매력을 느낀 것이다. 그러면서 자연스럽게 현장에서 발품을 팔아가면서 공부하고 배운 것을 가지고 사업화하면 성공할 거라는 자신이 생겼다. 그리고 택배와 화물 등 물류관리를 전체적으로 익혔기 때문에 물류 업무에도 자신이 있었다.

이 후배는 입사 3년 만에 회사를 그만두고 통신기자재 유통회사를 창업했다. 시대의 흐름에 따라 온라인 마켓을 오픈하여 온라인과 오프라인 유통을 동시에 시작했다. 용산 전자상가에 매장을 내고 지금은 주변에서 부러워할 만큼 회사를 성공적으로 운영하고 있다. 자신의 적성과 잘 맞는 유통 분야로 창업한 것이 제2의 인생을 시작하는 데 발판이 되어 주었다. 후배의 자신감과 결단력, 추진력을 부러워하는 선배들이 많다. 그 후배는 본인이 하는 업무에서 가능성과 미래를 봤고, 그 가능성을 믿고 사장이 되겠다는 꿈을 가지고 현장에서부터 배워나갔기 때문에 이런 큰 결실을 이룰 수 있었다.

중소기업은 마음먹기에 따라서 자신만의 꿈을 키워나갈 수 있는 멋진 곳이다. 겉에서 보기에 화려해 보이지 않지만, 그 안에서 가능성을 보고 차근차근 준비하면 제2의 인생을 화려하게 탈바꿈할 수 있다.

평범했던 직원들이 중소기업에 입사하여 기본기를 배우고 사업 아이템을 찾아 독립에 성공했다. 그렇게 회사를 통해 꿈을 품고, 그 꿈을 키워나갈 수 있는 발판을 만들었다.

이러한 사례 말고도 회사에서 기회를 발견하고 창업해 자신의 회사를 키워나가는 선배들이 많다. 창업이 아니더라도 다양한 곳에서 자신의 꿈을 위해 노력하고 있는 동료가 있다. 언젠가는 그 선후배들도 날개를 활짝 펴고 날아오르는 날이 올 거라 믿는다.

평사원으로 입사해 28년간 회사와 함께 성장한 CEO

다양한 분야의 업무를 다루다 보면 해를 거듭할수록 내적 성장을 하게 된다. 회사가 10배 성장하면 나는 100배 성장한다는 말에 딱 맞는 인물이 ㈜신성이엔지 이순구 사장인 것 같다. 대기업 이름에 익숙한 우리에게 ㈜신성이엔지는 낯선 회사이다. 나도 인터넷에서 우연히 기사를 검색하다가 이순구 사장의 이야기를 알게 되었다.

신성이엔지(대표 이순구)는 이사회를 통해 이순구(54) 부사장을 신임 대표이사 사장으로 선임했다고 11일 밝혔다. 신임 이 사장은 지난 1980년 신성엔지니어링(현 신성이엔지)에 평사원으로 입사한 후, 연구개발 · 경영전략 · 영업 등 다양한 부서에서 경험을 쌓으며 탁월한 역량을 발휘하여 입사 28년 만에 사장으로 승진했다. 이 사장은 고려대와 연세대에서 전자공학과 경영학을 전공하며 학 · 석사 과정을 거치고 서울대학교에서 AMP(최고경영자)과정을 수료한 전문 경영인이다.
신성이엔지 창업 초기부터 회사성장과 함께해온 이순구 사장은 예리한 통찰력과 결단력, 리더십 등 삼박자를 모두 갖춘 인재로 평가받고 있다.
신임 이 사장은 "사업분야별 특성을 고려한 핵심경쟁력 강화와 끊임없는 경영혁신 활동, 연구개발을 통한 새로운 시장 창출, 신규고객 창출에 총력을 기울여 글로벌기업으로 도약하는 원년으로 만들어갈 것"이라고 말했다.

– 뉴스핌 2008년 01월 11일

이 기사가 2008년도 기사이니 중소기업에 입사하여 37년의 세월을 회사와 같이 동고동락해 나간다는 것이 쉬운 일은 아니었을 것이다. 이순구 사장은 평사원으로 입사하여 최고경영자 자리까지 올랐으니, 대기업만 선호하는 요즘 젊은이들에게 귀감이 될 만하다.

요즘은 대기업에 입사해서 20년을 버티기도 힘들다. 구조조정이니, 명예퇴직이니 해서 근무하는 동안 업무에 대한 스트레스 말고도 이런 많은 심적 압박감을 주는 것이 우리의 닥친 현실이다.

이순구 사장은 취임식에서 "직원을 섬기는 CEO가 되겠습니다."라고 소감을 발표했다. 창업주인 이완근 회장도 '회사의 가장 큰 자산은 직원'이라고 강조했다. 이 기사를 읽으면서 신성이엔지라는 회사가 사람을 중시하는 기업문화를 가졌고, 제대로 된 기업이라는 생각을 갖게 되었다.

중소기업에서 핵심은 사람이고, 직원들 간의 소통이다. 일이 잘 되게 조율하려면 윗사람이 모든 분야에서 업무를 정확하게 파악하고 있어야 한다. 그래서 평사원으로 입사해서 오랫동안 회사의 구석구석을 알고 파악하고 있는 이 사장에게 최고 경영자 자리는 안성맞춤이었다. 직원들이 인정하는 '솔선수범하는 CEO'라니, 참 멋진 타이틀이다.

나도 중소기업에서 오랫동안 근무했지만 동료와 선후배들의 인정을 받기까지는 긴 세월이 필요했다. 인성이 기본적으로 뒷받침되어야 하고 업무능력, 리더십 등이 같이 동반되어야 한다. 업무능력은 탁월하지만 대인관계에 문제가 있다면 회사에서 장기 근속하기는 힘들다. 직원 수가 많은 것도 아니고, 직원들 개인사를 서로 알 정도로 가족적인 분위기의 중소기업에서 직원들과의 유대관계는 그만큼 중요하다.

회사와 동고동락하면서 같이 성장해나간다는 것은 중소기업만의 매력이고 장점이다. 회사가 10배 성장하면 나는 그 회사 속에서 100배, 그 이상 성장하게 된다. 밑바닥부터 배워나갈 수 있고 회사 경영의 기초부터 습득하기 때문에 중소기업에서의 근무는 본인의 내실을 튼튼하게 한다.

사람을 사람답게 여기며 직원들과 동반 성장하는 중소기업, 이런 기업을 만난다면 우리의 인생은 반 이상은 성공한 거나 마찬가지이다. 이런 작은 배움이 모여서 새로운 미래를 살아갈 자신감을 갖게 해준다.

작은 회사 **목수로 시작해** 건설회사 회장으로

자고 일어나면 세상이 변해 있다. 각종 언론매체는 매일 새로운 뉴스와 사건 사고들을 연신 보도하고 있다. 이렇게 빠르게 변화하는 4차 산업혁명기를 우리는 어떻게 보내야 할까? 어떤 삶을 살 것인가는 온전히 나의 선택이다. 지금까지 당연하게 살아왔던 나의 삶이 제대로 된 길로 가고 있는지 한번쯤은 되돌아볼 필요가 있다.

남화토건은 지역 건설업체 최초로 유일하게 금탑·은탑·동탑·석탑 산업훈장을 수상한 회사이다. 이 회사의 창업주 최상옥 회장은 1997년 한국건설 50주년 기념식에서 고(故) 정주영 회장과 함께 '대한민국의 위대한 건설인상'을 수상했다. 특히 지역 경제발전을 위해 다양한 분야에서 사회공헌을 실천하고 있다.

유당(裕堂) 최상옥 회장은 1927년 일제강점기에 전남 화순의 작은 시골에서 3남 2녀의 장남으로 태어났다. 어릴 적부터 조각이나 공예분야에서 손재주가 남달라서 '도장장이', '목수'라는 별명으로 불렸다. 특히 도장을 파는 일은 이웃 마을에까지 소문이 나서 어렸을 때부터 이 일로 용돈을 벌고 저축까지 했다.

그의 첫 직장은 1941년 전남 목포 시내의 도장 점포였다. 그의 성실성은 이 점포에서도 사장과 직원들에게 인정을 받았다. 갑자기 어머니의 병환 소식을 듣고 고향으로 내려간 최상옥 회장은 그곳에서 아버지의 지인인 일본인 목수 가와무라로부터 목수 일자리를 제안받게 된다. 그는 새로운 기술을 배우기로 결심하고 가와무라의 집으로 들어가 목재가공 기술을 배우고 기능공들의 출퇴근 관리 및 경리 일까지 담당하면서 건설현장의 실무를 기초부터 익혀나갔다.

이 일은 1945년 해방 전까지 계속되었으며, 이것이 지금의 남화토건의 초석이 되었다. 최상옥 회장은 도장을 조각하던 어린 시절부터 주변 사람들로부터 성실하다는 인정을 받아왔으며, 새로운 도전을 즐겁게 받아들였다. 이런 새로운 도전이 없었다면 지금의 한국 근대 건설의 초석을 마련한 남화토건도 없었다.

성실을 바탕으로 정도 경영을 실천하다

최상옥 회장은 자신의 자서전 〈지성의 행로〉, 남화토건의 〈남화오십오년사〉에서 인생과 경영에서의 성실성에 대해서 다음과 같이 이야기하고 있다.

- 나는 회사를 운영하면서 성실을 유일한 경영철학으로 삼았다.
- 성실한 삶은 그 어떤 것보다 중요하다.
- 누구나 쉽게 생각할 수 있지만, 가장 어려운 실천이 성실이다.
- 성실의 실천이 인생에서나 기업에서나 성공의 요건이다.
- 거창한 구호나 드러내기 위한 겉치레보다는 생활 속에서의 진지함과 최선을 다하는 자세가 성실하다.

최상옥 회장은 이런 성실을 바탕으로 정부와 공기업이 발주하는 공사, 난이도가 높은 국가 항만공사기술과 주한미군 공사 수주로 안정적인 성장을 이어나갔다. 그는 남화토건이 주한미군 공사를 통해서 기술을 인정받고 신뢰를 쌓았던 것을 자서전에서 이렇게 얘기하고 있다.

"미국인들에게는 로비가 통하지 않는다. 그들은 입찰할 때 최저가가 아니라 객관적이고 엄정한 심사를 통과한 업체에게 공사를 맡긴다. 아무 연고도 없는 우리 회사가 굴지의 업체들을 제치고 미군부대 공사를 계속 수주할 수 있었던 것은 이 때문이다. 우리는 그들의 합리주의를 배워야 한다."

그리고 그는 '사람'을 중시하고, '빨리빨리 문화'를 배척한다. 1970년 입주 23일 만에 붕괴한 와우아파트 사건, 1994년 성수대교 붕괴와 삼풍백화점 참사는 빨리빨리 문화가 낳은 비극이었다. 그는 이런 빨리빨리 문화가 자리 잡은 일면에는 건설근로자의 장인정신이 부족한 것도 하나의 요인이라고 말했다. 남화토건은 정도경영, 책임경영 실천을 통해 법인 설립 이후 지금까지 한 번도 적자 없이 안정적으로 성장해왔다.

창의적인 생각, 남들과 다른 생각이 나의 미래를 결정한다

작은 시골에서 태어나서 남들보다 부지런했고, 성실했던 한 소년은 지금 우리나라 건설업계의 산 증인으로서 존경받고 있다. 자신이 배운 기술을 기반으로 회사를 창업하여 지금까지 성실하게 정도경영을 하고 있다. 주변과 사회를 위해서 노력하며, 양심에 비추어 부끄럽지 않은 일에 자기주장을 펼치며 사회공헌을 실천하고 있다.

남화토건은 소기업, 중소기업을 거쳐 지금은 우리나라 건설업계에서 인정하는 중견기업이다. 한 사람이 경험하고 배운 기술을 바탕으로 회사를 창업해서 70년 이상 투명한 경영을 통해 지속한다는 것은 우리에게 많은 가르침을 준다. 또한, 자식에게 회사를 물려주는 대물림 기업 경영이 아니라, 동생에게 회사를 넘겨준 것도 남달랐다. 우리 주변에 이런 제대로 된 기업이 있다는 것을 김경수 저자의 〈창의로 꿈을 실현하다〉를 읽으면서 알게 되었다. 이 책에서 김경수 저자는 남이 가지 않은 길에서 남이 하지 않은 방식으로 꿈을 이룬 사람들의 이야기를 다루고 있다.

이런 창의적인 생각, 독창적인 생각을 중소기업에서 배워보기를 바란다. 획일화되지 않은 업무와 아이디어를 통해서 우리는 성장할 수 있다. 작은 생각의 차이가 나의 미래를 결정짓는다. 우리가 지금까지 익히 알고 있는 성공자들은 우리 주변의 평범한 사람들과 다르게 생각하고 그것을 우직하게 실천해왔다. 앞으로 우리가 살아갈 4차 산업혁명기에는 이런 다양한 사고와 엉뚱한 상상이 인정받게 될 것이다.

우리는 미래를 준비해야 한다. 그리고 남들과는 다르게 생각하고 행동해야 한다. 그래야 주변보다 한 발짝 앞서 나가게 된다. 지금의 한 발짝이 10년, 20년 후에 어떤 변화를 가져올지 상상해봐라.

중소기업 연구원이 **어떻게 노벨물리학상을** 받을 수 있었을까?

우리나라에서 노벨상을 수상한 유일한 사람은 고(故) 김대중 대통령이다. 2000년도에 동북아시아 지역의 평화를 위해 노력한 결과로 노벨평화상을 받은 것이 우리나라 노벨상 수상의 최초이자 마지막이다. 가까운 나라 일본에서는 2014년에 청색LED 실용화에 성공한 나카무라 슈지, 아카사키 이사무, 아마노 히로시 세 사람이 함께 노벨물리학상을 공동 수상했다.

일본은 2014년부터 2016년까지 3년 연속 노벨 수상자를 배출했으며 노벨상 25개 중 22개가 과학분야에서 나왔다. 우리나라에서는 왜 노벨 수상자가 배출되지 않는가에 대해 학계에서나 사회 인사들이 많은 의견을 내고 있지만, 아마 내가 느끼는 것처럼 다양성과 창의성을 펼칠 수 있는 사회적 기반이 갖추어져 있지 않기 때문이 아닐까 생각한다. 남들처럼 죽어라 공부해서 명문대를 가야 하고, 간판을 중시하는 사회 시선 때문에 대기업만을 고집하는 우리의 현주소 때문이다.

작은 중소기업 연구원의 비상

2014년 노벨물리학상 수상자인 나카무라 슈지는 1954년 일본에서도 가장 낙후된 시코쿠의 에히메 현에서 태어나 자랐다. 그가 자란 지역에서는 버스도 다니지 않아서 이웃마을을 갈 때도 나무로 만든 배를 타야 했다. 마을에는 중학교까지밖에 없어서 이 고장의 장남을 제외한 나머지 형제들은 중학교를 졸업한 후에 대개 오사카나 도쿄로 취직해서 고향을 떠났다.

다행히 나카무라 슈지의 아버지가 가까운 오즈시로 전근을 간 덕분에 그는 그곳에서 학업을 계속할 수 있었다. 이 작은 지역의 도쿠시마대학교 대학원에서 석사과정을 마치고, 지방 중소기업에 불과했던 니치아화학공업 개발과에 입사하면서 중소기업 연구원 생활을 시작했다.

그는 10여 년간 중소기업의 악조건 속에서도 긍정적인 마인드와 할 수 있다는 진념으로 기존의 상식을 뛰어넘는 자신만의 방식으로 청색 LED 연구에 뛰어들었다. 그리고 500번이 넘는 실패를 거듭하면서 세계 최초로 고휘도 청색LED 개발에 성공했다. 세계의 유수 연구기관과 대기업에서 27년이나 연구에 실패했으며, 20세기 안에는 불가능하다고 여겼던 청색LED 개발을 지방 중소기업의 한 연구원이 단 4년 만에 이뤄낸 성공이었기에 전 세계는 큰 충격에 휩싸였다.

그가 개발한 청색LED는 21세기 LED조명 시대를 열었으며 우리가 매일 사용하는 스마트폰, 태블릿, 노트북 등 IT기기의 혁신을 가능하게 했다. 그는 1995년에는 녹색LED, 백색LED를 개발했으며, 이 LED들은 전력소비량을 현격히 줄인 고효율의 친환경 발광체로 풀 컬러 디스플레이 등 다양한 용도로 이용되어 우리 인류의 삶을 획기적으로 바꾸는 데 큰 공헌을 했다.

비상식적이고 엉뚱한 생각의 힘

나카무라 슈지는 자신의 성공 요인을 '생각하는 힘'과 '끝까지 해내는 힘'이라고 말하고 있다. 그는 "커다란 꿈을 실현하기 위해서는 무엇보다 독창성이 있어야 한다. 평범하고 어디에서나 볼 수 있는 발상이 거대한 부를 낳은 일은 없기 때문이다."라고 말했다. 독창적인 아이디어가 성공의 씨앗이 되며, 비상식적인 것이 독창적인 것이라고 얘기하고 있다.

상식에 얽매인 아이디어를 토대로 한 사업은 성공할 확률이 낮다. 비상식적인 아이디어에 발전 가능성과 큰 기회가 숨겨져 있다. 그런데 우리 사회 구석구석에서는 엉뚱하거나 비상식적인 아이디어나 의견을 내면 면박을 주거나 의견을 묵살하는 분위기가 형성되어 있다. 명문대 출신의 대기업 연구원들은 상식적인 연구를 계속하기 때문에 성공하지 못한다. 나카무라 슈지의 저서 〈끝까지 해내는 힘〉에서 그는 "참고문헌을 읽으면 누구나 그와 똑같은 방법밖에 시도할 수 없다. 하지만 스스로 실험 기구나 장비를 만들면 자신만의 방법을 궁리하게 된다. 이것이 창조로 가는 첫걸음이다."라고 말한다.

긍정적인 마인드 그리고 성공

낙천적인 성격의 나카무라 슈지는 어떤 일이든 주어지면 '네, 해보겠습니다. 할 수 있습니다'고 긍정적인 언어로 이야기했다. 자신에게 주어진 업무에 대한 신념이 있었고, 자신에 대한 믿음이 있었기 때문에 이런 역사적인 과학적 성공을 거둘 수 있었다.

회사 동료는 잦은 실패를 비아냥거리고 비웃었지만, 그는 자신의 직감을 믿었고 끝까지 해낼 수 있다는 자신감이 있었다. 이런 그의 신념과 목표는 회장의 신뢰를 받았고, 그는 연구를 지속할 수 있는 연구 환경을 제공받았다. 그는 중소기업의 작은 연구소에서 시행착오를 반복하며 배우고 성장해나갔다.

청색LED 개발 성공으로 그는 자고 나니 유명인사가 되어 있었다. 세계 유수 기업과 대학에서 러브콜이 왔고, 그는 21년의 중소기업의 생활에 종지부를 찍고 캘리포니아대학 공대 교수로 부임해 현재까지 재직하고 있으며, 여전히 창업을 꿈꾸며 자신이 좋아하는 연구를 계속하고 있다.

남들이 가지 않은 길에 가능성이 있다

지방 중소기업의 연구원 출신이 노벨물리학상을 받을 수 있었던 것은 자신의 일에 대한 믿음과 목표가 있었기 때문이었다. 일본 역시 대기업과 명문대 출신을 중요시하는 문화가 주류이다. 하지만 대기업 못지않은 숨은 중소기업이 많고 그 안에 속해 있는 인재들도 많다.

주어진 여건과 환경은 누구에게나 비슷하다. 하지만 그 비슷한 환경에서 내가 어떻게 행동하고 어떤 마인드로 생활하느냐에 따라서 10년, 20년 후의 생활은 180도 달라진다. 나카무라 슈지의 〈끝까지 해내는 힘〉을 읽으면서 일본의 기업문화도 우리나라 기업과 매우 비슷하다고 생각했다.

그의 성공은 비상식적인 사고가 출발점이었다. 남들이 다 가는 길은 정답이 아니었다. 그는 남들이 가지 않는 길에서 가능성을 발견했고, 자기 자신을 믿었고, 그 가능성을 실행에 옮겼다. 그래서 그곳에서 인류 역사상 한 획을 긋는 청색LED 개발이라는 업적을 남겼고, 노벨물리학상을 받게 되었다.

나카무라 슈지는 "중소기업과 혁신기업이 더 많아져야 노벨수상자도 나오고 회사가 더 성장할 수 있다"고 말한다. 그리고 한 인터뷰에서 "아시아 교육은 시간 낭비이다. 이보다 나쁜 교육시스템은 없다. 일본, 중국, 한국의 입학시험은 이름난 대학에 들어가기 위한 목적밖에 없다"고 일침을 가하기도 했다.

일본은 역대 노벨수상자가 교수를 제외하면 모두 중소기업 출신이라고 한다. 우리나라 중소기업에서도 세계를 놀라게 할 발명품이 나왔으면 하는 바람이다. 정부나 사회적인 차원에서 숨어 있는 재야의 중소기업을 육성하고 지원해줬으면 한다. 그리고 이런 제대로 된 중소기업을 내가 먼저 찾아서 제2의 나카무라가 되었으면 한다. 우리가 그동안 관심이 없었기 때문에 몰랐던 기업들, 오늘부터 찾아보기를 바란다.

자동차 견습생으로 시작해 **세계 일류기업의** 회장이 되다

우리나라 기업들은 가족경영이 주를 이룬다. 자신이 열심히 일궈낸 회사를 당연히 자녀에게 물려주겠다는 것이 일반적인 창업주들의 생각이다. 자동차 수리점의 견습생으로 시작해서 세계 일류기업 혼다(HONDA)를 창업한 혼다 소이치로(本田宗一郎)는 일본에서 '경영의 신'으로 불리고 있으며, 일본 국민으로부터 가장 존경받는 기업인 중의 한 명이다.

기계를 좋아하던 소년이 세운 자동차 기업

혼다 소이치로는 대장장이의 장남으로 태어나 어릴 때부터 기계를 좋아했다. 11살 때 하마마쓰의 곡예비행을 보기 위해서 아버지 돈과 자전거를 훔쳐서 밤새 달려서 비행장에 갔을 정도라고 한다. 그러던 어느 날 미국 포드사의 T형 최신 자동차가 혼다의 마을에 나타나면서 소년은 밤새 머릿속으로 자동차를 그리면서 잠을 설쳤다.

16살이 된 혼다는 도쿄에서 자동차 정비원을 모집한다는 전단지를 보고 무작정 도쿄로 가서 자동차 수리공장의 견습생으로 입사하게 된다. 그는 6년간 도쿄에서 자동차 정비기술을 배워 고향으로 돌아왔고 고향에서 자신만의 정비공장을 차리게 된다. 고향에서 그는 자동차 정비기술로 명성을 얻게 되고 그의 사업은 크게 번창하게 된다.

그는 자동차 공학을 더 공부하기 위해 하마마쓰 고등공업학교에서 청강을 한다. 1946년 그는 자신의 이름을 건 혼다 기술연구소를 설립하고 세계적인 자동차 생산업체 혼다를 설립했다. 그 후 혼다 소이치로는 후지사와 다케오라는 인물을 만나 그에게 경영과 마케팅을 맡기고 자신은 기술개발과 생산에 전념하게 된다. 그는 자신을 기업인으로 생각하지 않고 기술자로 생각했다. 어렸을 때부터 기계를 좋아하던 한 소년은 기계에 대한 열정과 사랑으로 우리가 모두 알고 있는 세계적인 일류 기업인 혼다를 설립하게 된다.

우리가 알고 있는 혼다는 자동차뿐만 아니라 오토바이로도 유명하다. 혼다는 자신이 어렸을 때부터 좋아하고 잘할 수 있는 분야에서 실무경험을 쌓고 공부를 했다. 그래서 어떻게 하면 더 좋은 제품을 만들 수 있을지 연구했다. 그는 자동차 정비공장의 견습생으로 들어가 그곳에서 밑바닥부터 배우면서 자신의 기술력을 연마했다. 기계에 대한 그의 사랑과 노력이 없었다면 오늘날의 혼다도 없었을 것이다.

혼다는 자신 있었던 기술력에 주력하면서 본인에게 부족한 경영이

나 마케팅 부분은 전문 경영자인 후지사와 다케오에게 일임하는 '선택과 집중'을 통해서 혼다를 세계적인 기업으로 키워나갔다.

혼다 소이치로는 왜 일본에서 가장 존경받는 인물이 되었을까?

혼다는 파벌 없는 회사를 만들고 임원의 자녀를 입사시키지 않는 규정을 만들어서 혼다만의 기업 색깔을 만들었다. 자기 아들조차 회사에 입사시키지 않으며 철저하게 가족경영을 배제했다. "만일 아들이라는 이유만으로 불러와 후계자로 삼는다면, 수천 명이나 되는 아들들을 배신하는 행위가 아니겠는가." 그는 모든 사람이 인정할 수 있는 CEO가 되어야 직원들이 전력을 다해 노력하는 회사가 될 수 있다고 말했다.

혼다는 회사를 창업할 때부터 '사람들에게 폐를 끼치는 회사는 만들지 않겠다'는 생각을 가지고 있었다. 그래서 공장을 지을 때에도 담을 세우는 대신 나무를 심었고, 주위를 어둡게 만들지 않도록 시설 인근에는 규정보다 많은 가로등을 설치했다.

1952년 혼다는 수많은 발명을 인정받아 일본 왕실에서 수여하는 훈장을 받는다. "우리에게 작업복은 가장 화려한 예복과 마찬가지다. 연미복이라도 차려입고 가야 하는 자리라면 훈장 따위는 필요 없다!"라고 말하며 훈장 수여식에 작업복 차림으로 참석한 일화는 지금까지 유명하며, 그의 성격을 여실히 보여주는 일화이기도 하다.

그리고 그는 세상을 떠나기 전에 교통마비를 우려해서 장례식을 회사장으로 치르지 말라는 유언을 남겼다고 한다. 결국, 그의 유언대로 회사장을 대신한 '답례회'가 본사와 지역 공장 등에서 열렸고, 6만 2,000명이나 되는 사람들이 찾아와 혼다를 추모했다.

자신의 부족한 부분을 채우기 위해서 3년간 기계과 청강을 하며 실무와 이론을 더욱 발전시킨 혼다 소이치로의 열정과 정신력은 그가 세상을 떠난 지금까지도 사람들에게 회자되고 있다. 혼다 소이치로는 수많은 명언을 남겼는데, 그중 몇 가지를 적어본다.

- 비행기는 날 때부터 착지가 어렵다. 인생도 마찬가지야.
- 저의 가장 큰 영광은 한 번도 실패하지 않음이 아니라 쓰러질 때마다 일어나는 곳에 있다.
- 애사심 따위는 필요 없다. 개인을 위해 일하라. 회사와 상사를 철저히 이용하라.
- 누구에게도 지지 않을 기술력을 갖춘다면 독립해도 좋다.
- 인간이 진보하기 위해서는 우선 첫걸음을 내딛는 것이다. 길게 보면 인생에는 소모가 없다.
- 인간에게 소중한 것은 학력이나 그런 것이 아니라 타인으로부터 사랑받고 협력할 수 있는 덕을 쌓는 것은 아닐까? 그리고 그런 인간을 키우려는 정신인 것은 아닐까?

처음부터 대기업, 일류기업은 없다. 작은 경험과 배움이 모여서 바탕이 되고, 그것을 나의 것으로 어떻게 발전시키느냐에 따라서 인생의 결과가 달라진다. 도움닫기 없이 멀리 뛸 수 있는 사람은 없다. 도움닫기를 어떻게 하면 멀리 뛸 수 있는지 연구하고, 나에게 맞는 방법을 찾아 실행에 옮길 때 진정한 나의 멀리뛰기를 시작할 수 있다.

처음부터 열 걸음을 나아갈 수는 없다. 한 걸음 한 걸음이 모여 열 걸음이 된다. 세계적인 기업 혼다도 혼다 소이치로가 자동차 공장의 견습생부터 시작해서 그곳에서 배운 경험과 기술력을 가지고 자신의 회사를 창업하면서 시작되었다. 자신의 기술과 재능을 잘 활용하고 부족한 것은 채움으로써 세계적인 브랜드 혼다를 탄생시킨 것이다. 저절로 이루어지는 성과는 없다. 학력과 네임밸류가 중요한 것이 아니다. 작은 회사지만 그곳에서 경험을 쌓고 배우다 보면 자신만의 장점과 노하우를 발견할 수 있다.

여공 출신이 **세계 재계 순위에** 이름을 올리다

사람에게는 누구나 기회라는 것이 찾아온다. 그러나 대부분 사람은 그것이 기회라는 것을 모르고 지나치게 된다. 란쓰커지의 저우췬페이 회장은 자신에게 다가온 것이 기회라는 것을 알아차렸고 그것을 자신의 것으로 만들었다.

마침내 꿈을 가진 15세 여공 출신인 란쓰커지의 저우췬페이 회장은 세계 재계 순위에 이름을 올리게 되었다. 그녀는 불우한 자신의 처지를 원망하는 대신 꼭 성공하겠다는 꿈을 가졌고, 그 꿈을 실현하기 위해서 누구보다 자신의 분야에서 노력했다.

15세에 여공이 되어 20세에 공장장이 되다

저우췬페이는 1970년 후난(湖南)성 샹향(湘鄉)에서 태어났다. 그가 태어나기 전 아버지는 폭약을 제조하다 두 손가락이 잘리고 눈은 실명됐다. 어머니는 생활고에 못 이겨 저우췬페이가 다섯 살 때 자살했다. 3남매의 막내였던 저우췬페이는 극빈의 삶을 살아갔다. 가난에 찌든 그는 초등학교 시절부터 부자가 되겠다는 꿈을 품고 살았다. 돈을 벌겠다는 일념에 중학교 2학년 때인 15세에 그는 고향을 떠나 광둥(廣東)성 선전(深圳)으로 홀로 떠났다.

그곳에서 그는 손목시계 유리를 생산하는 아오야(澳亞)광학에 취직했다. 그가 아오야광학을 선택한 것은 선전대학과 가까운 곳에 있기 때문이었다. 그는 오후에는 여공으로 일하고, 저녁에는 선전대학 야간반을 다니며 자격증을 취득해나갔다.

그녀가 20세이던 1990년 아오야광학은 공장증설을 진행했다. 하지만 자금이 부족했고 신공장이 높은 품질의 제품을 생산할 수 없을 것이라는 불안감에 아오야광학 사장은 공장증설을 중단키로 했다. 저우췬페이는 스스로 사장을 찾아가 이렇게 말한다.

"제가 신공장을 맡아보겠습니다. 성공한다면 사장님께서 정해주신 월급만 받고 일하겠습니다. 실패한다면 한평생 사장님을 위해 일하겠습니다."

사장은 허락했고 그녀는 20세에 공장장이 되었다. 신공장은 시계 유리에 글자와 그림을 인쇄하는 작업을 했으며, 저우췬페이는 밤새 기술개발에 매달려 고품질을 이뤄냈다.

자신의 전문 분야가 있는 사람은 다르다

유리가공 분야에서 실력을 쌓은 저우췬페이는 2003년 선전에서 란쓰커지를 창업했다. 회사명 '란쓰'는 렌즈의 발음을 본떴으며 창업자금은 그동안 모은 2만 홍콩달러(한화 약 300만 원)였다. 창업 초기 란쓰커지는 애플에 납품하기 위해 수많은 실험을 진행했다. 저우췬페이는 3일을 꼬박 밤새며 실험을 진두지휘하기도 했다. 마침내 란쓰커지의 제품은 애플의 품질기준에 합격했으며, 이때부터 사업은 급속도로 팽창하기 시작했다.

란쓰커지는 IT 유리 액정을 생산하는 기업으로, 애플과 삼성 등에 방호유리를 납품하는 글로벌기업이다. 란쓰커지의 주요제품은 스마트폰, 태블릿PC, 노트북에 사용되는 특수유리다. 7개 공장 종업원 8만여 명 가운데 8,000명이 연구개발직이다. 회사가 보유한 핵심기술 특허만 200개가 넘는다.

지난해 란쓰커지는 4억 7,600만 개의 특수유리제품을 생산했다. 생산량은 전년대비 23.37% 늘었다. 매출은 144억 9,701만 위안(한화 약 2조 6,000억 원), 순익은 11억 7,600만 위안에 달했다. 이 가운데 애플에 납품되는 매출은 68억 8,000만 위안으로 전체 매출의 47%다.

저우췬페이는 성격상 언론인터뷰를 극도로 꺼리는 것으로 알려져 있다. 다만 신경보에 따르면 저우췬페이는 가족은 물론 직원들의 생일까지도 챙기는 다정다감한 성격이라고 한다. 작업복을 즐겨 입으며 직원들과 함께 회사식당에서 식사를 즐긴다. 그녀는 성공과 관련해 직원들에게 "일이 잘 풀릴 때 지나치게 기뻐하지 말고, 실패했을 때도 크게 실망할 필요가 없다."고 주문하는 것으로 알려졌다.

15세에 여공이 된 저우췬페이 회장은 20세에 공장장이 되었고, 실전 현장에서 배운 지식과 노하우를 가지고 자신의 회사를 창업했다. 그녀는 자신의 분야에서 최고가 되겠다는 생각을 가졌고, 유리가공 분야에서 기회를 보았다. 그녀가 어려서부터 그 분야에서 경험을 쌓지 않고 지식이 없었다면 절대 불가능한 일이었을 것이다.

저우췬페이 회장은 자신의 불우한 환경을 탓하지 않았고 주어진 환경을 극복하는 방법을 연구했으며, 그 속에서 꿋꿋하게 꿈을 키워나갔다. 그는 자신의 환경을 개척해가는 방법으로 배움을 택했다. 그래서 낮에는 공장에서 일하고 밤에는 야간대학에 다니면서 미래를 위한 지식을 키워나갔다.

그는 '청춘은 가장 든든한 자본이며 가장 중요한 것은 끝까지 견뎌내는 인내심'이라고 얘기한다. 우리는 조금만 힘든 상황에 부닥치거나 업무가 과중해지면 그것을 피할 생각을 먼저 한다. 그리고 좀 더 쉽고 편한 길이 없을까 고민한다.

인생을 살아가다 보면, 특히 회사생활을 하다 보면 쉬운 일도 있지만 감당하기 버거운 일들도 주어진다. 그러나 시작해보면 하나씩 길도 보이고 방법이 생기게 된다. 처음부터 그것을 피하려고만 한다면 아무것도 달라지지 않는다.

살다 보면 어렵고 힘든 상황을 여러 번 맞이할 수 있다. 그때마다 포기해버린다면 우리는 앞으로 나아갈 수가 없다. 회사생활에서 경험한

다양한 상황들과 문제들이 나에게는 재산이다. 그 재산을 바탕으로 격변하고 있는 4차 산업혁명기를 살아나갈 힘을 얻게 된다.

이런 다양한 경험을 중소기업에서 해보기를 바란다. 남들이 가지 않는 길에 성장이 있고, 기회가 있다.

Chapter 4

4차 산업혁명기를
나와 함께 걸어갈
중소기업 고르는 법

회사의 가능성을 **알아볼 때** 고려해야 할 3가지

인생은 선택의 연속이다. 태어난 순간부터 우리는 지금까지 많은 선택을 해오면서 여기까지 왔다. 잘한 선택도 있었고, 잘못된 선택으로 후회하기도 했다. 학교를 선택했고, 학과를 선택했다. 항상 새로운 선택을 해야 될 때면 많은 고민을 한다. 이 선택이 맞는 걸까? 잘하고 있는 것일까? 특히 학교를 졸업하고 사회에 첫발을 내딛는 입장에서 직장 선택은 인생의 가장 큰 고민 중 하나다. 어떤 회사가 괜찮을지, 어떤 일이 나와 맞을지 많은 고민을 하게 된다.

특정 학과는 전공을 살려서 회사를 선택하기도 하지만, 나처럼 인문대생에게는 선택의 폭이 그리 크지 않은 것이 현실이다. 난 다행히 무역학과를 복수전공했고, 컴퓨터를 조금 수월하게 다룬다는 장점이 있어서 지금의 회사에 문을 두드렸다.

우리는 여행을 가거나 데이트를 할 때 어떤 장소가 좋을지 사전 조사를 한다. 여행책자와 인터넷을 찾아보고 어디가 가장 좋은지 자세히 조사하게 된다. 이렇게 일상적인 활동에서도 많은 준비가 필요한데, 사회의 첫발을 시작하는 회사를 고를 때는 더 많이 고민하고 정보를 찾아 헤매게 되는 것은 당연할 것이다.

우리 주변에 숨겨져 있는 강소기업들이 많다. 그동안 간판에 숨겨져, 대기업의 네임밸류에 묻혀 보지 못한 반듯한 중소기업들이 어느 분야에나 있다. 그렇다면 어떻게 그런 중소기업을 알아볼 수 있을까?

1. 회사의 업력

내가 회사를 고를 때 가장 먼저 살펴본 것은 회사의 업력이었다. 이 회사가 얼마나 오래되었는지, 어떤 기술력을 가졌는지 그 부분이 가장 중요한 포인트였다. 한 업계에서 최소 10년 이상 유지되고 있다면 어느 정도는 탄탄한 기업이라고 생각되었다. 요즘처럼 변화가 심한 세상에서 10년 이상 회사가 유지되고 성장해간다는 것은 쉬운 일이 아니기 때문이다.

주변을 보면 전통 있는 가게들이나 오래된 맛집들이 있다. 그 가게들은 크지는 않더라도 그 가게만의 경영방식을 가지고 있고, 노하우를 보유하고 있다. 그래서 장기적인 단골손님을 확보하게 되고 입소문을 통해서 더욱 대중들에게 알려지게 된다. 시간만큼 제대로 된 잣대는 없는 것 같다. 알아온 지 얼마 안 된 친구보다 학창시절부터 오랫동안 교류해온 친구가 진국이듯이 시간은 믿을 만한 잣대이다. 그래서 회사의 선택 기준으로 회사의 업력은 나에게 그만큼 중요했다. 그렇다고 스타트업 기업이 좋지 않다는 얘기는 아니다. 최근에는 신생 기업 중에서도 좋은 아이템으로 승부하는 기업들이 많으므로 업력을 보되 스타트업 회사일 경우에는 다른 기준이 필요하겠다.

2.. 회사의 아이템(기술력)

두 번째로 고려한 것은 회사의 아이템이었다. 우리 같은 일반인들이 회사의 기술력을 평가하기에는 역부족이란 것을 안다. 그래서 난 회사의 아이템을 봤다. 내가 지원했던 회사는 공기업을 상대하고 있었고, 통신 관련해서 다양한 제품을 생산, 유통하고 있었다. 유선통신부터 무선통신까지 다양한 기자재를 취급하고 있었기 때문에 미래성장 가치가 있어 보였다.

큰 회사가 아니어서 많은 정보는 없었지만 인터넷에서 검색하고 홈페이지에 들어가 보는 등 나름대로 정보를 찾아보았던 기억이 있다. 통신 관련 일을 하는 선배에게 회사 이름을 물어보니 회사이름은 몰랐지만 이 회사에서 취급하고 있는 제품을 알고 있었다. 규모가 크지 않아 회사는 잘 알려지지 않았지만 통신 분야에서 제품 브랜드 인지도가 있는 기업이었다. 통신은 우리의 생활에서 떼려야 뗄 수 없는 필수 아이템이다. 전화를 하거나 인터넷을 하거나 통신은 필수항목이다. 이런 아이템을 취급하고 있는 회사라면 가능성이 있다고 믿었다.

3. 출퇴근 시간

세 번째로 본 것이 출퇴근 시간이었다. 회사의 모든 조건이 좋아도 출퇴근하는 거리가 멀고 시간이 오래 걸리면 그것만큼 힘든 일도 없다. 지금까지 많은 직원이 오가는 것을 봐왔다. 회사는 강남인데, 수원, 일산, 의정부, 인천 등 여러 지역에서 출퇴근하는 직원들을 봐왔다.

나는 면접관으로 참석하면 기본적으로 출퇴근 시간을 물어본다. 그러면 학교 통학도 3~4시간 걸려서 했는데, 출퇴근 시간은 전혀 문제가 되지 않는다고 얘기를 한다. 입사 후 몇 개월은 설렘으로, 사회생활 시작의 즐거움으로 힘든지 모르고 다니게 된다.

그러나 신입사원티를 벗으면서 업무 양도 늘고, 야근하는 일이 빈번하게 발생하면서 출퇴근 시간이 차츰 부담이 된다. 퇴근해서 집에 가면 자야 할 시간이 다되고, 새벽부터 또 일어나서 회사로 향해야 한다. 여건상 회사 근처로 집을 구하면 모르지만 그것도 쉬운 일이 아니다. 강남에서 작은 오피스텔을 얻으려면 월급의 상당 부분을 포기해야 한다. 어느 정도 시간 여유가 있어야 사회생활도 즐기면서 할 수 있는 것 같다. 당장은 할 수 있다고 생각하지만 연차가 쌓일수록 출퇴근 시간이 버겁게 느껴질 것이다. 그래서 회사를 선택할 때는 출퇴근 시간도 염두에 두기를 바란다.

사회 첫발을 어디에 내딛어야 할지 고민하는 것은 당연한 일이다. 불안하고 답답하다고 아무 곳에나 들어가선 안 되고, 또 대기업만 찾으며 허송세월을 보내서도 안 된다. 아이템이 좋은 회사가 있으면 기본적인 정보를 찾아보고, 내가 할 수 있는 일인지 제대로 고민해보고 입사지원을 해야 한다.

회사에서 신입사원 공고를 내면 많은 지원서가 들어온다. 그런데 무조건 넣고 보는 사람들이 상당수이다. 우리 업무와 맞을 것 같아 면접을 보러 오라고 연락했는데, 회사 이름조차 기억하지 못하는 사람들도 있었다. 최소한 내가 어떤 회사에 지원했고, 어떤 회사인지는 사전에 확인해야 하지 않을까? 그리고 면접에 오겠다고 하고서는 시간 약속도 지키지 않고, 연락도 없이 불참하는 경우도 많이 봐왔다. 사정이 있어서 오지 못할 수도 있다. 그래도 최소한의 예의가 있다면 연락은 할 수 있다고 생각한다.

연락은 작은 정성의 차이다. 4차 산업혁명기를 같이 걸어갈 기업을 고를 때는 좀 더 신중했으면 한다. 내가 정성을 보여야 기업도 그 정성을 알아보고 서로 윈윈하는 길을 만들어간다.

나에게 맞는 **회사를 선택할 때** 고려해야 할 3가지

앞으로 다가오는 4차 산업혁명기를 같이 걸어갈 중소기업을 고를 때 어떤 것을 중점적으로 봐야 할까? 앞에서 언급한 회사의 업력, 회사의 아이템(기술력), 출퇴근시간은 정말 중요하다. 그다음으로 중요한 것은 직원들의 이직률과 회사의 복지제도이다.

1. 직원 이직률(장기 근속자가 많은지?)

중소기업은 대기업과 다르게 1차 면접을 보통 실무자들이 보는 경우가 많다. 나는 회사를 알아보는 자리이고, 면접관들은 나를 알아보는 자리이다. 그래서 궁금한 점은 바로 질문할 필요가 있다. 제대로 된 기업이라면 장기 근속자가 많고 이직률이 높지 않다. 그만큼 회사가 직원들에게 인정을 받고 있는 것이다. 이런 질문을 면접관에게 하는 것은 절대 실례도 아니고 당당한 권리이다. 이 질문에 제대로 대답을 못하는 회사라면 어떤 문제점을 가지고 있는 것이다.

서로 신뢰를 바탕으로 이루어진 관계가 오래가듯이 질문과 대답은 당연하다. 회사가 성장 과정에서 신규 인원을 충원하는 때도 있고, 기존 직원이 퇴사해서 그 자리를 메꾸기 위해서 뽑는 경우도 있다. 내가 어떤 부서에서 일하게 되고, 어떤 업무를 하게 되는지, 회사에서 나의 위치를 질문해보기를 바란다.

한국경영자총협회에 따르면 대졸 신입사원의 1년 내 퇴사율이 2012년부터 꾸준히 증가해 2016년 27.7%를 기록했다. 지난해 5월에는 퇴사를 고민하는 직장인을 위한 '퇴사 학교'까지 생겨서, 이곳에 다녀간 직장인이 벌써 3,000여 명이 넘는다고 한다. 취업만 하면 모든 것이 행복할 거라고 생각하는데 현실은 그렇지 않은 경우가 많다. 그래서 제대로 된 기업인지 따져보고 확인해보고 선택해야 한다.

회사에 근본적인 문제가 있다면 직원들의 이직률은 높을 수밖에 없고, 성장도 느릴 수밖에 없다. 이직은 회사가 나와 맞지 않으면 언제든지 할 수가 있다. 하지만 제대로 살펴보고 신중하게 선택해서 소중한 시간을 낭비하지 않았으면 한다.

2. 복지는 어떤지?

대기업이 중소기업보다 시작점에서 급여와 복지가 좋은 건 사실이다. 하지만 대기업만큼은 아니지만 중소기업들도 회사만의 기업문화가 있고, 다양한 복지제도를 가지고 있다. 요즘은 특히 중소기업들도 직원들의 복지에 많은 신경을 쓰고 있는 경향이다.

내가 근무했던 회사만 해도 임신한 여직원들과 아이가 있는 여직원들을 위해서 탄력근무제도를 시행하고 있었다. 어느 정도 급여가 차감되었지만 아침 10시 출근, 5시 퇴근으로 시간 조정이 가능해서 출퇴근 피크시간을 피해서 회사를 오갈 수 있어서 신체적 부담감이 덜했다.

우리나라에서 워킹맘으로 일하는 것은 쉬운 일이 아니다. 이런 제도적인 지원 없이는 육아를 병행하면서 회사생활을 유지하기 힘든 게 현실이다.

두 번째로 좋았던 복지제도는 직원들 해외연수제도였다. 일반인들이 2년에 한 번씩 해외여행을 가기란 현실적으로 힘들다. 보통 성과를 낸 팀에게 팀차원으로 포상하는 경우는 종종 있지만 생산직을 포함해서 가족들까지 함께 해외여행을 간다는 것은 상상하기 힘들다. 어떻게 보면 중소기업만의 문화이고 분위기라고 생각한다. 어린이날이면 자녀에게 선물을 사주라고 나오는 보너스도 있었고, 초복과 말복에는 삼계탕 사 먹으라고 식비가 나오기도 했다. 그 외에 크고 작은 이벤트 같은 복지 혜택이 있었다.

큰 혜택은 아닐지 모르지만, 중소기업만이 가지고 있는 사람 사는 정을 느끼게 해주는 배려라고 생각한다. 복지제도를 보면 그 회사가 가진 문화를 조금은 이해할 수 있는 것 같다.

3. 내가 하게 될 업무 확인하기

대기업은 조직이 크기 때문에 세부 업무에 맞게 인력을 배치하게 된다. 하지만 중소기업은 특성상 한 분야가 아닌 여러 가지 업무가 주어지게 된다. 기본적으로 내가 속하게 될 팀은 어디이고, 내가 하게 될 주요 업무는 어떤 것이고, 부수적인 업무들은 어떻게 되는지 확인해보기를 바란다. 평소에 생각해보지도 않았던 업무가 주업무가 된다면 회사에 적응하는 데 시간이 걸릴 것이고, 시작이 순조롭지 못해서 크고 작은 문제들이 발생할 가능성이 있다.

나는 마케팅 업무를 하고 싶어서 지원했는데 생산관리 업무가 맡겨진다면 처음에는 많이 당황할 수 있다. 중소기업에 입사하면 다양한 업무를 배우게 되는 건 사실이다. 그러나 첫 단추도 중요한 것 같다. 첫 단추를 바르게 끼워야 두 번째도 세 번째도 부드럽게 넘어가면서 회사에 적응해나갈 수가 있다. 나의 청춘을 바칠 회사, 제4차 산업혁명기를 같이 걸어갈 회사를 고르는데 확인할 건 제대로 확인해서 시작하기를 바란다. 그러면 처음과 끝을 제대로 된 회사에서 배우고 같이 성장하게 될 것이다.

대기업은 아니지만 나의 능력을 제대로 펼쳐보고 싶은 중소기업을 만난 적이 있는가? 아니면 중소기업을 사회의 첫발로 생각해본 적은 있는가? 눈에 보이는 것들이 전부가 아닐 수 있다.

대기업처럼 화려하게 포장되어 있지는 않지만, 왠지 끌리는 중소기업들이 우리 주변에는 많이 있다. 내가 그동안은 관심을 두지 않았기 때문에 보지 못했던 회사들이다. 오늘 이런 중소기업을 한번 찾아보는 건 어떨까?

제2의 인생을 위해서 나를 단련시켜줄 회사를 찾는다면 다가오는 4차 산업혁명기도, 5차 산업혁명기도 아무런 문제가 되지 않을 것이다.

좋은 회사는 분위기부터 다르다

내가 배우고 성장해나가야 할 중소기업을 고를 때 어디에 중점을 두어야 할지 많은 고민을 하게 될 것이다. 100% 만족할 수 있는 기업을 만난다는 것은 극히 드물다. 배우자를 만나거나 연인을 사귈 때도 그 상대에 100% 만족해서 만나는 경우는 거의 없다. 그래도 나와 어느 정도는 성격이 맞고 상대방에게 내가 맞추어갈 수 있다는 마음이 크기 때문에 연애를 하고 결혼을 한다. 회사를 선택할 때도 마찬가지이다. '나는 대기업에만 들어갈 거야. 다른 곳은 쳐다보지도 않을 거야' 하던 사람도 막상 주변으로 시선을 돌려보면 제대로 된 강소기업을 만나게 된다.

회사의 분위기는 어떤지?

보통 면접은 1차, 2차로 진행된다. 상황에 따라서 3차까지 보기도 하지만 중소기업의 면접은 2차까지 치르는 것이 대부분이다. 면접은 회사에 나를 알리고 평가받는 시간이기도 하지만, 면접자 입장에서는 나와 함께 걸어갈 회사를 선택하는 시간이기 때문에 면접을 통해서 지원한 회사를 파악해본다는 의식이 있어야 한다.

처음 누군가를 만나거나 어떤 장소에 방문하게 되면 그 사람, 그 장소만의 첫인상이라는 것이 있다. 왠지 친근한 사람이 있고, 느낌이 좋은 장소가 있다. 면접에서도 이 첫인상이 크게 작용한다.

인상 형성에 첫인상이 미치는 영향을 '첫인상 효과'라고 한다. 또한 3초 만에 상대에 대한 스캔이 완료된다고 해서 '3초 법칙', 처음 이미지가 단단히 굳어버린다는 의미로 '콘크리트 법칙'이 있다. 첫인상은 3초면 결정된다. 그러나 결과가 부정적인 경우 이를 뒤집는 데 200배의 정보량이 필요하다고 한다.

모 취업 포털사이트에서 기업의 인사담당자를 상대로 설문조사를 실시했다. 그 결과, 기업의 인사담당자 절반이 면접 시 지원자의 첫인상을 결정하는 것은 '2분 이내'라고 답했다. 첫인상을 결정짓는 가장 큰 요인으로 태도와 자세가 꼽혔는데, 인사담당자 중 63.4%는 첫인상이 스펙보다 중요하다고 답했다. 면접 도중 지원자의 인상이 바뀐 경우는 14.5%에 그쳤다.

면접관들도 나의 태도나 자세 등을 보면서 나를 판단하겠지만, 면접자도 면접관들을 통해서 회사의 분위기를 파악하게 된다. 면접관들의 표정이나 말투가 활기차고 편안한 인상을 심어주면 회사에 대해서도 긍정적인 평가를 하게 된다. 그래서 이 회사에서 한번 일해보고 싶다는 마음을 갖게 된다. 면접관들과 대화를 통해서, 면접관들의 인상과 표정을 통해서 회사의 분위기를 파악해보자.

어떤 비전을 가진 회사인가?

면접이 시작되면 대부분 면접관이나 사장님이 우리 회사는 어떤 회사이고, 회사에 입사하게 되면 어떤 업무를 하게 될 것인지 전체적인 브리핑을 해준다. 면접을 통해서 회사의 비전이 무엇이고, 면접자의 꿈은 무엇인지 서로 파악하게 된다. 비전만큼 중요한 것이 없다. 당장 눈에 보이는 급여나 대우가 좋더라도 미래에 대한 비전이 없다면 그 회사에 입사하는 것을 심각하게 고려해보기를 바란다. 미래에 대한 계획이 있고 성장 동력에 대한 확신이 있는 회사여야 그 안에서 나도 성장하고 제2의 인생을 위한 꿈을 꿀 수 있다.

내가 오랫동안 몸담았던 회사의 슬로건은 '미래는 지금부터'였다. 통신 기자재를 취급하고 있어서 그런지 나는 이 슬로건이 아주 마음에 들었다. 나의 미래도 이 회사에서 지금부터 준비할 수 있다는 꿈을 꾸게 되었던 것 같다.

D사는 시무식 날 5천 원 정도 하는 꽃나무를 전 직원에게 선물했다. 한 해 동안 꽃나무에 물을 주고 키우면서 개인의 꿈도 키우고 회사도 같이 키우자는 의미에서 이런 이벤트를 했다고 한다. 일주일에 한 번 정도 자신의 꽃나무에 직접 물을 주는데 사장님도 예외 없이 본인의 꽃에 직접 물을 주었다. 그런데 신기하게도 물을 안 주고 시들어 죽어가는 꽃의 주인은 회사를 그만두더라는 것이다. 그래서 이 꽃의 상태를 통해서 직

원들의 갑작스러운 퇴직을 막을 수도 있었다고 한다.

이 일화처럼 아무것도 아닌 일인 것 같지만 회사의 비전과 개인의 꿈은 같은 선상에서 이루어진다. 회사가 발전하면 그 안에 있는 개인도 성장하게 되고 단단해지게 된다. 회사가 어떤 비전을 가지고 미래를 계획하는지가 직원에게는 중요한 인생 포인트가 되는 것이다.

한 사람만 상대를 사랑한다고 해서 진정한 사랑이 아니듯이 회사와 직원의 관계도 마찬가지이다. 회사가 일방적으로 직원에게 희생을 강요해서도 안 되고, 직원도 회사에서 알아서 해주겠지 하고 안일하게 처신하면 안 된다. 서로 윈윈(Win-Win)할 방법은 회사는 직원들에게 미래에 대한 확신을 심어주고, 직원들은 회사의 궁극적인 목표를 향해 힘을 모아 나아가야 한다. 무엇이든지 양방통행이 순조롭게 이루어져야 문제가 발생하지 않는다. 일방통행은 항상 잠재적인 문제를 안고 있다. 서로에게 비전과 꿈을 심어줄 수 있는 그런 관계로 만났으면 한다.

나에게 비전을 제시해주고, 미래에 대한 꿈을 꾸게 하는 중소기업을 지금부터 찾아보기를 바란다.

사장, 면접관들과 이야기해보며 회사 파악하기

우리는 쇼잉(Showing)시대에 살고 있다. 요즘 TV에서 자주 볼 수 있는 것이 요리 프로그램인 것 같다. 연예인들의 냉장고 속 재료를 가지고 셰프들은 그들이 원하는 음식을 15분 만에 만들어낸다. 단순하고 쉬워 보이지만 나 같은 일반인들이 따라 하기는 힘들다. 우리는 TV에서 보여주는 것에 환상을 가지고 그것이 최고인 듯 인식하게 된다.

기업의 이미지도 비슷한 맥락으로 형성된다. 소비자들은 어떤 제품을 살 때도 기업 이미지를 먼저 떠올리게 된다. 그래서 직접적인 제품 홍보보다는 기업의 이미지와 가치를 고객들에게 심어주려는 광고들이 많다. 우리에게 잘 알려진 기업들은 이런 보여주기식의 직간접 광고들로 노출된 회사들이다.

하지만 중소기업들은 이런 쇼잉에 약한 것이 사실이다. 기업 이미지

홍보보다는 신제품 개발과 개발된 제품을 마케팅하는 데 투자하는 것이 우선이다.

쇼잉시대에서 제대로 된 중소기업을 어떻게 알아볼 수 있을까? 요즘 기업은 대부분 홈페이지나 블로그를 기본적으로 가지고 있다. 그러나 이것만으로 회사를 파악하는 것은 현실적으로 힘들다. 내가 직접 부딪쳐보고 만나봐서 파악해야 한다. 그 기회가 바로 면접을 통한 확인이다.

회사의 첫 느낌

새 건물인지 낡은 건물인지는 중요하지 않다. 어느 집을 방문하거나 어떤 가게를 가든지 느껴지는 첫 느낌이 있다. 면접 볼 회사를 방문했을 때도 마찬가지이다. 정리정돈된 상태라든지, 일하고 있는 직원들의 모습을 보면 그 회사에 대한 기본적인 것을 알 수 있다. 면접을 보기 위해 대기하고 있는 회의실 상태나 면접을 안내하는 직원들의 표정에서 회사 분위기가 어떤지 대충 파악할 수 있다.

신입사원 면접이 있다고 하면 어떤 사람들이 지원했고, 면접을 보러 오는 사람들의 인상은 어떤지 회사의 모든 직원의 관심이 면접에 집중된다. 기본적으로 면접이 있는 날은 평소보다 직원들의 표정부터 밝다. 직원들 표정이 밝은 회사가 보통 사내 분위기도 좋다. 면접에 모든 신경이 집중되어서 이런 주변 상황이 잘 보이지 않을 수도 있다. 한 번 크게 심호흡을 하고 주변을 둘러보아라. 그러면 새로운 것들이 눈에 들어온다.

면접관들의 태도

보통 실무진들이 보는 1차 면접에는 해당 부서의 팀장들과 임원들이 참여한다. 면접관들이 회사나 업무를 소개할 때 면접자들도 면접관들의 태도를 통해서 회사를 파악할 수 있다. 권위적이지는 않는지, 일방적인 스타일은 아닌지 잘 살펴봐야 한다.

같이 일하게 될 팀장이나 부서장이 면접자리에서부터 나의 마음을 상하게 하거나 하대를 한다면, 만약 같이 일하게 되더라도 부딪히는 부분이 상당히 많을 것이다. 반대로 유머러스하고 딱딱한 면접 분위기를 즐겁게 바꿔주는 센스있는 면접관들도 있다. 적당히 면접자를 배려해주면서 분위기를 이끌어가는 팀장들이나 임원들이 있다. 이런 부서에서 일하게 된다면 이 회사에서의 시작이 순조롭게 진행될 것이다. 면접자리는 면접자와 회사의 면접관들이 서로 평가하고 평가받는 자리이다. 일방적인 자리일 수는 없다.

사장님의 가치관

직원들도 중요하고 업무도 중요하지만 회사에서 가장 중요한 것은 경영자의 가치관이다. 중소기업은 회사를 경영해나가는 사장님의 생각이 무엇보다 중요하다. 잘나가는 회사는 경영자의 마인드부터 다르다. 2차 면접은 보통 사장님을 포함한 임원진 면접이다. 내가 첫 회사에서 오랫동안 장기근속할 수 있었던 것도 사장님 영향이 컸다. 사장님은 항상 직원들을 귀하게 대해주셨고, 직원들이 꿈을 갖기를 원하셨고 그 꿈을 응원해주셨다. 그래서 회사 면접 때 항상 빠지지 않았던 질문이 '당신의 꿈은 무엇인가요?'였다.

개인이든 기업이든 성공하려면 꿈과 목표를 가져야 한다. 세계적인 경영의 대가 피터 드러커는 '모든 기업은 단순하고 분명하며 직원 모두를 뭉쳐줄 목표를 가져야 한다. 이런 목표는 이해하기 쉽고 도전해볼 만한 내용이어야 하며, 이것으로 인해 회사의 모든 사람이 공통의 비전을 갖게 돼야 한다. 우리는 오늘날 자주 기업문화라는 것에 대해 말하는데, 알고 보면 그것은 기업 전반을 관통하는 공약이자 동일한 목표와 가치관을 갖겠다는 약속이다. 이런 목표들을 기업의 경영자는 생각해야 하고, 공표하고 제시해야만 한다.'고 말했다.

지금까지 학교나 여러 모임에서 간접적인 사회생활을 해오면서 많은 친구와 사람들을 만나왔을 것이다. 그래서 사람들의 태도나 말투, 언행 등 사람을 판단하는 나만의 기준을 가지고 있을 것이다. 면접도 이런 판단의 연장선으로 볼 수 있다.

회사의 첫 느낌이 좋으면 정말 좋은 것이고, 같이 일하게 될 상사나 경영자의 마인드가 괜찮다면 주저할 필요가 없다. 어떻게 보면 내가 일하게 될 회사도 인연에 의해서 연결되는 것 같다. 서로 만족해야 만남이 지속되고 미래를 약속하게 되는 것처럼. 제대로 된 인연을 만나면 제2의 인생을 준비하는 발판을 마련할 수 있다.

회사를 알아가며, 면접을 보며 내 가슴은 뛰고 있는가?

기대감, 설렘처럼 정직한 것은 없다. 어떻게 보면 우리는 이런 긴장감이 있는 설렘을 끊임없이 찾고 있는지 모른다.

국민 멘토 김창옥 교수는 심장을 뛰게 하는 일, '설렘'에 대해서 다음과 같이 얘기했다.

"사람은 자신과 '맞는 것'을 만나면 '심장'이 뛥니다."
"나의 심장이 무엇에 뛰는지 알고 싶을 때는 '경험'해보면 됩니다."
"자신의 심장을 뛰게 하는 '의미' 있는 것, '재미'있는 것을 자꾸 하세요."
"경험에 대해 '나의 반응'이 어떤지 아는 것이 중요합니다."
"내가 직접 겪어봐야 나를 꽃피울 '나의 심장'을 찾을 수 있습니다."

"내 심장이 뛰는 일을 자꾸 하세요."

"마침내 나의 존재는 아름다운 꽃들처럼 다른 사람의 심장까지 뛰게 할 것입니다."

새로운 도전을 하거나 새로운 경험을 하게 되면 설레고 나도 모르게 심장이 뛴다. 기분 좋은 긴장감을 느끼게 된다. 사회에 첫발을 내디딜 회사를 알아보는 과정에서 이런 기분 좋은 긴장감과 설렘, 기대감을 갖는다는 것은 좋은 징조이다.

회사를 선택할 때 이 회사가 나의 꿈을 이루는 발판이 될 수 있을지, 나에게 새로운 도전과 배움을 가져다줄지 이런저런 생각을 많이 하게 될 것이다. 그래서 지원하게 될 회사의 자료를 더 찾게 되고, 알면 알수록 좋은 느낌을 가지게 된다면 기대를 안고 면접에 참여하게 된다. 면접을 보기 위해서 회사에 처음 방문했는데 느낌도 좋고 여기서 일해보고 싶다는 마음이 생긴다면 면접에도 적극적으로 임하게 된다. 사람의 마음은 서로 통하게 되어 있다. 내가 마음을 열고 적극적으로 임하고 이 회사에 꼭 입사하고 싶다고 열망을 가지면 면접관들도 그것을 알게 된다.

가슴을 뛰게 하는 일, 회사를 만나라

중소기업에서 장기간 근무해오면서 신입사원 면접에 많이 참여했다. 다양한 성격을 가진 지원자들을 만났다. 차분한 성격, 적극적인 성격, 사람은 타고난 성향이라는 것이 있어서 기본적으로 가진 성격을 바꿀 수는 없다. 조용하고 내성적인 성격을 하루아침에 적극적이고 활발한 성격으로 바꾼다는 것은 성인(聖人)이라도 불가능하다. 하지만 내성적인 성격의 사람이라도 하고자 하는 의욕이 있고 목표가 있으면 눈빛부터 다르다. 면접자의 질문에 똘망똘망한 눈빛으로 자기가 할 수 있는 선에서 성심성의껏 대답한다.

사람은 어떤 환경이냐, 어떤 사람을 만나느냐에 따라 적절하게 변화한다. 나도 이렇게 변해왔다. 나는 낯을 많이 가리는 성격이라 차갑고 냉정해 보인다는 말을 많이 들었다. 그런데 회사생활을 5년, 10년 하다 보니 성격이 변했다. 이제 처음 보는 사람과도 어렵지 않게 일 얘기를 하고 응대한다.

나는 성격상 낯간지러운 말을 잘하지 못한다. 애교도 없고, 무뚝뚝한 편이라서 더욱 그랬다. 영업지원팀인지라 전화통화로 고객들을 대할 때 많았는데 그때마다 애를 먹었다. 선배들은 한 개 제품을 판매할 것을 대화의 노하우로 두세 개씩 판매하곤 했다. 선배는 역시 다르고 대단하다고 느꼈다.

당시에 나는 절대 그렇게 못할 거라고 생각했다. 그러나 해가 거듭되자 나도 그렇게 변해갔다. 업무 때문에 스트레스를 받고 화가 나는 일이 있어도 전화벨이 울리고 수화기를 들면 목소리 톤부터 달라졌다. 시간과 장소가 나를 이렇게 성장시켜주고 변화시켜줬다. 처음 회사를 선택했을 때 설레던 그 마음이 끝까지 갔다. 사람의 마음은 거짓말을 못한다. 나의 심장을 뛰게 했던 그 에너지는 진실이다. 나의 심장을 뛰게 하고 설레게 하는 기업이 있다면 다른 조건들은 다 접어두고 선택하기를 바란다. 그 선택이 맞다는 것을 언젠가는 알게 되는 날이 올 것이다.

〈지도 밖으로 행군하라〉에서 한비야 씨가 자신이 왜 구호 일을 하게 되고, 월드비전의 국제구호팀장을 맡게 되었는지 소개하는 부분이 있었다. 한 대학생이 질문을 했다.

"재미있는 세계여행이나 계속하시지 왜 힘든 긴급구호를 하세요?"

"이 일이 내 가슴을 뛰게 하고, 내 피를 끓게 하기 때문이죠."

한비야 씨가 이런 생각을 갖게 된 데는 케냐의 한 안과의사의 영향이 있었다. 한비야 씨에게 큰 깨달음을 주었던 케냐의 안과의사는 대통령이 진료를 받으려고 해도 며칠을 기다려야 하는 유명한 의사였다. 그런데 그 잘나가는 성공한 의사가 전염병과 풍토병에 걸린 환자들을 돌보는 것을 보고 한비야 씨가 의아해서 이런 질문을 했다.

"당신은 유명한 의사이면서 왜 아무도 알아주지 않는 이런 험한 곳에서 일하고 있어요?"

"내가 가지고 있는 기술과 재능을 돈 버는 데만 쓰는 건 너무 아깝잖아요. 그러나 무엇보다도 이 일이 내 가슴을 몹시 뛰게 하기 때문이에요. 구호 일은 어떤 교육을 받고 어떤 기술을 습득하느냐보다 어떤 삶을 살기로 결정했느냐가 훨씬 중요합니다."

한비야 씨는 이 케냐의 안과의사의 대답에 큰 깨달음을 얻었다고 한다. 그리고 '나아감'이란 내가 남보다 앞서 가는 것이 아니고 현재의 내가 과거의 나보다 앞서 나가는 데 있다고 말하고 있다. 남이나 주변이 아니라 내 자신이 삶의 기준이 되는 것이다.

우리는 지금까지 삶의 기준과 잣대를 주변에 맞춰 살아왔다. 남들이 공부해서 스펙을 쌓아 대기업에 가고 공기업에 입사한다고 하니 나도 당연하게 눈높이를 그런 회사에 맞춰 설정했다. 그래서 주변의 잘나가는 중소기업, 나를 성장시키고 업그레이드해줄 제대로 된 중소기업들은 안중에도 없었던 것이다.

마음은 거짓말을 못한다. 나의 심장을 뛰게 하고 왠지 모르는 설렘으로 나에게 긍정적인 긴장감을 주는 회사가 있다면 망설이지 말고 선택하기를 바란다. 내가 선택하기로 마음먹었다면 면접에서도 하고자 하는 의지와 열망이 면접관들에게 자연스럽게 전달될 것이다.

회사 느낌이 좋으면 지금 당장 연봉은 잠깐 접어둬

연봉, 이 경제적인 잣대는 우리가 살아가는 데 많은 부분을 차지하고 있다. 그래서 남들에게 보여주기 좋은 회사를 선호하고 내가 이런 회사에 다닌다는 명함을 내밀기 위해서 모든 것을 인내하고 견디고 있다.

내가 중소기업에 입사할 당시만 해도 나도 연봉으로 상대적인 박탈감을 많이 느꼈다. 대기업에 다니는 친구들과 비교했을 때는 절반 가까이 차이가 났고, 공기업에 다니는 친구들에 비해서도 많이 부족했다. 세상을 몰랐고 내가 어렸기 때문에 연봉, 네임밸류의 차이를 의식해서 많이 고민했다. 세월이 훨씬 지난 지금은 전혀 아무렇지도 않지만, 철모르고 사회생활을 처음 시작할 당시에는 심적으로 부담감이 있긴 했다.

얼마 전에 인터넷에서 미미박스의 1호 직원이 입사 5년 만에 글로벌 브랜드 사업부장으로 승진했다는 글을 읽었다. 5년 전 스타트업 기업인 미미박스에 인턴으로 입사해서 5년 만인 만 27세에 부장을 단 것이다. 2014년 한국경영자총협회 승진승급관리 실태 조사에 따르면 신입사원이 부장으로 승진하기까지 걸리는 시간은 17.9년이다. 정씨는 남들보다 4배 이상 빠른 성장을 한 셈이다.

기업연봉 정보사이트 크레딧잡에 나오는 미미박스의 부장급 연봉은 성과급을 제외하고 6,087만 원이다. 2016년 회사의 매출이 657억인데 정씨가 담당한 해외 매출의 비중이 53%라고 한다. 그만큼 회사 성장에 기여했고, 회사가 성장한 만큼 정씨도 업무적으로 초고속 성장을 한 것이다.

스타트업 기업은 보통 체계가 잡혀 있지 않아서 해야 할 것도 많고 챙겨야 할 부분이 많은 게 사실이다. 하지만 기업이 성장하면 그 대가는 반드시 개인에게 돌아오기 마련이다. 대기업에 비해서 스타트업 기업이나 중소기업의 연봉이 낮은 것은 사실이다. 하지만 대기업은 그만큼 연봉을 주는 대신 업무 강도가 세고 힘든 부분이 있는 것도 현실이다.

대기업과 중견기업, 중소기업, 소기업까지 다양하게 회사생활을 해 본 사람이 취업의 환상과 현실이라는 글(kimsfactory.tistory.com 지식경영공장 생각의 사과나무 by 케빈아놀드)을 인터넷에 다음과 같이 기고했다.

대기업은 연봉이 높고 복지가 좋으니까 최고다?

대기업에 근무 경험이 없는 수많은 사람은 대기업에 입사해서 퇴사하면 이렇게 얘기한다고 한다. '행복한 소리하고 있네, 왜 대기업을 퇴사하고 난리야?' 하지만 대기업의 연봉과 복지는 그만큼의 노력과 스트레스를 요구하기 때문에 높은 연봉을 부러워할 필요는 없다고 말한다.

대기업은 편하다?

대기업의 조직문화를 군대문화로 비교하고 있다. 자신의 창의력을 뽐내고 싶으면 대기업에 선택될 수 없다. 대기업은 직원들을 부속품으로 생각하기 때문에 대기업 취업에 가볍게 통과하는 사람이 아니라면 대기업 취업에 전전긍긍하지 말아야 한다.

중소기업에서 배우는 일의 수준은 떨어진다?

중소기업에서는 한 가지 일이 아닌 다양한 일을 배울 수 있기 때문에 경험의 폭이 넓다. 그리고 오랫동안 일한 사람은 회사에서 리더로 인정받기 때문에 '내가 이 회사에 필요한 사람이다'는 성취감을 느낀다. 대기업에서는 자신의 자리를 노리는 사람이 많고 공백을 쉽게 메꾸지만 중소기업에서는 커버하는 업무가 많아서 공백을 누군가가 한번에 메꾸기가 쉽지 않다고 한다. 애사심과 책임감은 중소기업의 산유물이라고 말하고 있다.

대기업 경력이 있어야 이직에 유리하다?

꼭 그렇지만은 않다. 해당 직무의 경험이 중요하다. 실력만 있으면 어느 곳에 가서도 대우받으면서 이직할 수 있다.

대기업 경력 VS 높은 경력 연수, 무엇이 유리할까?

대기업에 들어가기 위해서 몇 년 동안 취업을 안 하는 어린 친구들에게 시간을 낭비하지 말라고 말한다. 중견기업의 6년 차는 조금만 자세를 낮추면 들어갈 곳이 많은데 대기업 3년차는 애매한 상황에 놓이기 때문에 높은 경력이 중요하다고 말한다. 실력만 있다면 어디든지 들어갈 수 있는 게 현실이다.

대기업은 퇴사율이 낮다? 대기업은 나의 평생직장이다?

대기업은 퇴사율이 높다. 연봉을 높게 주는 만큼 스트레스가 많고 고되서 평생직장은 아니다. 대기업은 자신의 커리어에서 거쳐가는 하나의 과정일 뿐이다.

중견기업이나 중소기업은 복지가 좋지 않다?

대기업이 복지가 좋은 건 사실이다. 대기업 복지 중에 대학생 자녀 학비 지원이 있는데, 자녀가 대학생까지 성장하려면 부장급이나 임원급이 되어야 하는데 이런 현실적인 복지를 누리는 사람은 극히 드물다. 실제로 내가 받을 수 있는 복지는 별로 없다.

결론은 필자는 자신이 원하는 직무에서 오랜 경력을 쌓는 것이 답이라고 말하고 있다.

미미박스의 사례나 대기업과 중소기업을 비교한 글을 보더라도 연봉이 정답은 아니다. 당장 눈앞에 보이는 것들을 회사 선택의 기준으로 삼아서는 안 된다. 우리는 제4차 산업혁명기를 걸어나가야 할 사람들이다. 생각을 과거에 머물게 해서도 안 되고, 나의 판단 기준을 주변의 눈높이에 둘 필요도 없다. 회사를 선택하는 기준이 연봉이 아니었으면 한다. 나는 돈과 경험 중에서 하나를 선택하라고 하면 경험을 선택할 것이다.

사회생활을 어느 정도 해본 어른들이라면 동감할 것이다. 내가 경험을 쌓고 시간을 투자해서 쌓은 경험으로 새롭게 무언가를 시도할 수 있다면 경험은 돈과 바꿀 수 없는 나의 재산이 된다. 돈은 그때부터 벌면 된다. 100세 시대를 살아가야 하는데 몇 년 주위 친구들보다 적은 연봉으로 시작한다고 나의 인생이 뒤처지는 것은 절대 아니다. 느낌이 좋은 기업을 만났다면 연봉은 잠깐 접어두고 생각해보기를 바란다. 그곳에서 나의 미래를 꿈꿀 수 있고, 내가 성장할 수 있다는 생각이 든다면 과감히 도전해보자. 그럴만한 가치는 충분히 있다.

나의 가능성을 **믿으면** 없던 힘도 생긴다

4차 산업혁명기를 함께 걸어갈 중소기업을 찾았다면 가능성을 믿고 한번 그 길을 따라 걸어가 보자. 지금까지는 부모의 눈치를 보면서 공부해왔고, 주변의 권유를 통해서 선택을 해왔다. 나의 의지와 상관없는 선택을 해왔다면 지금부터는 그것들과 단절하고 새로운 길을 떠나보자.

며칠 전에 TV 프로그램 '언니들의 슬램덩크2'를 보게 되었다. 이 프로그램은 외모도 성격도 실력도 각양각색인 7명의 언니가 '걸그룹'이라는 하나의 꿈에 도전하며 저마다 가슴속에 숨겨두었던 꿈을 다시 써내려가는 내용이다. 평소에 딸아이가 언니쓰 노래와 춤을 신 나게 따라 하기에 나도 저절로 관심을 가지게 되었다. 언니쓰는 노래 '맞지?'를 발표하면서 전국적으로 이슈가 되었다.

건국대학교 축제에서 마지막 공연을 끝으로 언니쓰의 방송 활동을 중단한다고 한다. 공연에 앞서 건국대 학생들과 언니쓰 멤버들이 만나는 시간이 있었다. 거기서 개그우먼 김숙 씨가 학생들에게 해주었던 이야기에 크게 공감했다.

> "자기만의 삶의 기준을 만들어라. 남들이 정한 기준 말고 자기만이 정해놓은 기준이 있어야 한다. 남들이 정해놓은 기준으로 가면 불행하다. 지금 20대인 여러분은 기준을 정해놓아도 흔들릴 수 있는 나이이다. 인생의 모든 기준을 정할 수는 없지만 한 가지라도 정해놓고 그것을 이룰 수 있으면 아주 행복한 삶을 살 수 있을 것이다."

주변 친구들보다 연봉을 더 받고 덜 받고가 중요한 문제가 아니다. 당장은 대기업의 간판 뒤에 숨어서 다양한 복지를 누리면서 주변에 보여주기 좋은 직장을 선택하고 싶을 것이다. 그렇다고 내가 행복할까? 나의 미래는 보장되어 있을까? 진지하게 생각해볼 문제이다. 미래를 볼 줄 아는, 세상의 흐름을 읽을 줄 아는 시야를 가졌으면 한다.

언니쓰의 홍진경 씨가 토크쇼에서 이런 이야기를 했다. 남들은 한창 학교에서 공부할 나이인 17살에 자신은 모델로 사회생활을 시작했다고 한다. 가정형편 때문에 자신의 의지와 상관없이 돈을 벌어야 했기 때문에 모델대회에 나갔다. 그곳에서 학교에서는 만날 수 없는 다양한 사람과 교류하면서 많은 경험을 쌓았다고 한다. 홍진경 씨는 자신이 서 있는 자리에서 혼신을 다해보고, 필요한 사람이 되어보라고 충고했다.

20대라면 더더욱 주눅 들지 말고, 누가 말려도 하고 싶은 게 있다면 도전해야 한다. 무엇이든 도전해서 시도를 해봐야 나중에 절대 후회하지 않는다. 그리고 미련도 남지 않는다. 시도조차 하지 않았다면 평생 해보지 못한 것에 대한 후회로 계속 뒤를 돌아보게 된다.

가벼울 수 있는 예능 프로그램이었는데 경험을 통해서 교훈을 얻은 그녀들의 말에는 삶의 진실이 녹아 있었다. 이 프로그램을 통해서 그녀들은 나이 들면서 점차 잃어갔던 꿈을 다시 찾게 되었고, 새로운 꿈을 위해서 한 발짝 전진하게 되었다고 한다. 어떤 환경에서도 우리는 배우고 발전하게 된다. 우리에게 주어진 경험과 시간에 쓸데없는 것이란 없다. 그 환경에서 우리는 새롭게 배우게 되고 업그레이드된다.

나의 가능성을 믿고 도전하다 보면 없던 힘도 생기고 앞으로 나아갈 길을 찾게 된다. 나는 그리 잘난 사람은 아니었다. 하지만 중소기업에서의 다양한 경험은 나를 변화시켰고 성장시켜주었다. 나무를 심었다고 처음부터 그 나무가 쑥쑥 자라는 건 아니다. 심고 나서는 물을 주고 거름을 주어야 한다. 그리고 나무는 모진 바람과 4계절의 변화를 직접 겪어봐야 뿌리를 내리고 성장하여 큰 나무가 될 수 있다.

회사 선택도 마찬가지이다. 내가 가능성을 느끼고 나의 미래를 설계해볼 만한 회사라면 간판 같은 건 따지지 말았으면 한다. 제4차 산업혁명기, 길게는 5차 산업혁명기를 함께 걸어나갈 가능성이 있고 믿음이 생긴다면 주변 눈치 보지 말고 멋지게 도전해봤으면 좋겠다. 이왕이면 나를 다양한 경험이 가능한 환경에 두기를 바란다. 그 결과에 따라서 10년, 20년 후의 나의 모습이 달라진다.

Chapter 5

누구나 올라운드 플레이어가 될 수 있는 만능 중소기업

올라운드 플레이이어의 기본 눈치 8단 따기

'직장생활에서 가장 중요한 것이 무엇이라고 생각하세요?'라는 질문을 받는다면 나는 '눈치'가 가장 중요하다고 말할 것이다. 눈치라는 단어를 사전에서 찾아보면 '다른 사람의 기분이나 또는 어떤 주어진 상황을 때에 맞게 빨리 알아차리는 능력'이라는 뜻이다. 이렇게 눈치는 다른 사람의 기분을 빠르게 파악하여 대인관계를 유지시켜주는 기본이며, 의사소통에 필요한 중요한 요소 중의 하나이다.

우리 일상에서도 눈치에 관한 속담이나 일화를 심심치 않게 보고 들을 수 있다.

- 눈치가 빠르면 절에 가도 젓갈을 얻어먹는다.(눈치 있게 행동하면 어떠한 상황에서도 좋은 대접을 받을 수 있는 뜻)

- 눈치가 있으면 떡이나 얻어먹지. (둔하고 미련한 사람들을 놀림조로 이르는 말)
- 눈치를 사 먹고 다닌다. (눈치가 무디거나 없는 경우를 비유적으로 이르는 말)

비단 직장생활뿐만 아니라 학교생활, 연애, 가정생활에서도 눈치는 중요한 센스이다. 친구들 관계에서도 눈치 없는 친구와는 한두 번은 어울려도 나중에는 답답해서 슬슬 피하게 된다. 연인관계에서도 눈치 때문에 상처 받고 헤어질 결심을 하기도 하고, 가정생활에서도 눈치 없는 배우자 때문에 불행한 생활을 하는 위기의 부부들을 종종 볼 수 있다.

특히 중소기업에서는 한 사무실에 여러 부서가 모여 근무하기 때문에 눈치가 중요하다. 직장 분위기를 빨리 익히고 예쁨을 받으려면 눈치가 몇 단은 되어야 한다. 회사에서는 내 일만 잘한다고 해서 잘하는 것이 아니다. 옆에 동료가 무슨 일을 하는지, 어떤 문제가 있는지, 눈과 귀를 열어서 살필 필요가 있다. 자기 일에만 빠져서 누가 나가고 들어오는지도 모르고 불러도 못 듣는 사람들이 종종 있다. 처음에는 집중력이 좋은 직원이구나 하고 좋게 얘기할지 모르지만 이런 일이 반복되면 나중에는 감정이 실려 목소리 톤부터 달라질 때가 있다.

센스 있는 직원은 손님이 오면 바로 일어나서 회의실로 안내하고, 누구를 찾아오셨는지, 차는 드실 건지 알아서 물어보고 척척 처리한다. 반면에 눈치 없는 직원은 누가 들어오는지 관심조차 없다. 처음에는 사회경험이 없으니 몰라서 그렇겠지 하고 몇 번은 좋게 알려준다. 그런데 몇 개월이 지나도 달라지지 않고 이름을 불러야 그제야 자리에서 일어나며 '뭔 일이지?' 하고 멍한 눈으로 바라보면 선배 입장에서는 정말 황당하다. 이렇게 눈치 없는 직원은 얼마 못 가서 회사에 적응하지 못하고 그만두게 된다. 그리고 나중에는 자기변명을 늘어놓는다. 내가 대학까지 나와서 차 심부름을 해야 하느냐고. 중소기업 특성상 본인 손님은 본인이 챙기지만, 사장님 손님은 직원들이 챙겨야 한다.

회사를 집으로 바꿔 생각하면 아무것도 아닌 일이다. 집에도 부모님 친구분이나 친척들이 놀러 오신다. 그러면 우리 집을 찾아주신 손님이니까 나와서 인사드리는 건 기본이다. 그리고 자녀 된 입장에서 손님을 위해 차도 준비하고, 간단한 다과도 준비한다. 이렇게 생각하면 정말 아무것도 아닌 일을 나는 이런 일을 하러 회사에 들어온 것이 아니라는 둥, 회사가 나를 무시한다는 둥 부정적인 생각을 한다면 이런 사람은 어디에 가서도 비슷한 일을 겪게 될 것이다. '이 회사는 나를 무시해. 나를 인정하지 않아. 나와 맞지 않아. 그래서 그만둘 거야. 나를 알아봐주는 회사를 찾아볼 거야' 하면서 그때마다 그만둘 것인지 곰곰이 생각해볼 문제이다. 생각을 바꾸면 아무것도 아닌 일에 우리는 너무 많은 에너지를 낭비하는 경향이 있다.

나도 신입사원 때는 이런 불만을 가진 적이 있었다. 그때 선배가 나에게 이렇게 말해주었다. "집에서 가장 큰 어른은 아버지니까 사장님을 회사의 아버지로 생각하면 마음이 편안해질 거야." 그때부터 그렇게 마음을 먹으니 그런 사소한 일들이 정말 아무것도 아닌 일이 돼버렸다. 사장님 친구분이나 외부 손님이 오시면 우리 집에 부모님 친구분이 놀러

오셨으니까 내가 챙겨야지 하는 마음에 먼저 다가갔다. 그렇게 마음을 바꾸니 회사를 찾아오는 모든 분이 당연히 귀하게 대접해야 할 손님으로 생각되었다.

모든 일은 마음먹기에 달렸다. 내가 주인이라고 생각하면 주인 대접을 받을 것이고, 내가 배려하면 상대방도 나를 귀하게 여겨준다.

다른 곳도 마찬가지이겠지만 규모가 작은 중소기업에서는 대인관계가 정말 기본이다. 업무특성 상 사무실에서 내근하는 직원들도 있지만 영업이나 물류 업무를 담당하는 직원들은 외근을 자주 나가게 된다. 밖에서 열심히 일하고 들어왔는데, 사무실 직원들이 본체만체한다면 얼마나 기운이 빠지겠는가. 먼저 눈치껏 반갑게 "수고하셨어요" 하고 인사를 건네봐라. 상대편 직원이 말은 안 하지만 '내가 밖에서 열심히 일한 보람이 있구나' 싶어 흐뭇해할 것이다. 이런 사소한 행동 하나하나가 직장생활의 분위기를 결정한다.

눈치 있는 사람은 일도 잘하고 직장생활도 잘 이끌어나간다. 서로 부족한 부분을 채워주고 메꾸어 가면서 발전해나가는 것이 직장생활의 묘미이다. 기본에 충실하지 못해서 우리는 너무 많은 것을 잃어버리고 방황하게 된다.

기본을 지키고 산다는 것이 참 어렵다. 회사생활의 연차가 쌓이다 보니 이런 기본이 얼마나 중요한지를 더 자주 느끼게 된다. 나도 직장생활 초년에는 눈치가 없어 혼도 많이 나고 나 때문에 다른 사람이 불편해 했던 적이 많았다.

그러나 회사생활을 1년, 2년 하다 보니 눈과 귀가 저절로 열렸다. 예전에는 동료가 불편해하는 것이 보이지 않았는데 어느 순간에는 사소한 것까지 보이고, 옆에서 잘 들리지 않던 동료의 통화 내용도 쏙쏙 들렸다. 참 신기한 일이다.

하나를 배워 10개로 활용 가능한 중소기업

'聞一知十(문일지십)'은 하나를 들으면 열을 안다는 말로, 재주가 비상하다거나 극히 총명함을 이르는 사자성어이다. 처음부터 하나를 가르쳐주면 10개를 아는 건 일반 사람들에게는 불가능하다. 그렇지만 1년, 2년 시간이 지나면서 내가 알던 하나가 2개로 확장되고, 그 2개가 다른 경험들과 접목되면서 4개가 되고 10개로 확장되어 점점 지식의 범위가 넓어지게 된다.

나는 입사한 지 2년 만에 계장을 달았다. 2년이라는 시간이 어떻게 지나갔는지 모르게 지나가 버렸다. 입사 1~2년 차에는 갈등의 연속이었다. 나 자신과의 싸움이라 생각하고 다른 사람 때문에 내가 일을 포기하는 어리석은 행동은 하지 않겠다고 다짐했다. 그렇게 버티다 보니 진급을 하게 되었다. 그러자 이제는 뭔가 나만이 할 수 있는 일, 영역을 개발해야겠다는 생각이 들었다.

그래서 내가 먼저 할 수 있는 것들을 리스트화해서 내 업무에 접목하기로 했다. 대학교 때 컴퓨터동아리 활동을 오래 했기 때문에 다른 사람들보다 컴퓨터 활용에 익숙한 상태였다. 나는 다른 직원들보다 컴퓨터 활용능력이 좀 더 좋은 위치에 있다고 생각해서 이것을 더 특성화하기로 마음먹었다.

우리 회사는 당시에 홈페이지를 보유하고 있었고, 홈페이지 관리 및 유지를 우리 부서인 영업지원에서 관리하고 있었다. 그래서 사수와 자연스럽게 홈페이지 관리를 하면서 내가 배웠던 HTML이나 포토샵을 활용하여 업무에 반영하기 시작했다. 대부분 중소기업이 그렇듯이 사내에 전산팀이 따로 없어서 공대 출신 남자직원들이 회사 컴퓨터를 유지관리 하고 있었다. 그러나 전송팀 조직이 커지고 성남 사무실로 분사하게 되면서 사실상 본사 컴퓨터에 문제가 생기면 확인할 수 있는 사람이 없었다.

내 주위에는 컴퓨터에 능숙한 동기, 선배들이 대부분이었기 때문에 회사의 남자직원들도 당연히 컴퓨터 활용을 잘하는 줄 알았다. 그러나 현실은 정말 달랐다. 프린터 드라이버 설치 및 프린터 공유, 네트워크 공유 등 기본적인 컴퓨터 활용 지식이 전무했다. 그때부터 컴퓨터나 프로그램에 문제가 생기면 선후배들이 나를 찾게 되었다. 나도 모르는 것이 있으면 고객센터나 인터넷을 찾아보고, 동아리 동기나 선배들에게 연락해서 문제점을 해결해주었다.

그때의 일련의 작업들이 지금의 내 자리를 있게 했는지 모르겠다.

그때부터 홈페이지 업데이트나 사내 이메일 관리가 자연스럽게 나의 업무가 되었다. 못한다고 놓아버리면 평생 그 일은 시도조차 하지 못하는 일이 되는 것 같다. 어렵더라도 부딪쳐보면 공부도 되고 결국은 나의 자산이 된다.

우리 회사는 중소기업이다 보니 특성상 아는 사람이 손을 대면 그 일이 본인 업무가 되는 경우가 많았다. 그래서 일을 하나 더 맡게 될까 봐, 더 힘들어지고 책임질 일이 많아질까 봐, 알아도 모르는 척하는 직원들이 종종 있다. 나의 상식에서는 이해가 되지 않았지만 그 직원들 입장을 존중하면서 내 생각대로 업무를 바라보았다.

내가 우리 회사에 입사하고 가장 신기했던 점이 여직원들이 못하는 일이 거의 없다는 거였다. 팩스나 프린터가 고장이 나면 남자직원들은 대부분 '고장 났네' 하면서 바로 관리팀에 수리 요청을 하는데, 여직원들은 프린터를 열어봐서 종이가 걸린 건지, 토너가 없는 건지 요리조리 살펴본다. 내가 느낀 건 관심의 차이이다. 한 번 더 신경 쓰면 해결될 일을 관심이 없어 스스로 해결하지 못하고 다른 사람에게 넘겨버린다.

그때부터 중소기업에서는 여직원들은 만능이어야 하고 회사에서 버티고 살아남기 위해서는 남들과 똑같은 대우만 바라선 안 된다는 것을 이해하게 되었다. 현재 나의 모습은 내가 노력하고 만들어가는 모습이며, 내 자리는 누가 만들어주는 것이 아니라 내가 만들어가는 것이다. 그래서인지 우리 사장님은 여직원들을 더 배려해주시고, 그에 맞는 책임과 보상을 해주셨다. 몇몇 남자직원들은 오히려 역차별당하는 거 아니냐고 투덜대고 불평하곤 했다. 불평을 할 것이 아니고, 그 이유를 먼저 생각해보고 개선해나가려고 노력하는 것이 첫 번째인 것 같다.

이렇게 불평하는 직원이 있는가 하면 현장에서 자신의 장점을 바탕으로 꾸준히 실력을 쌓아가는 직원들도 있다. 항상 질문이 많았던 영업팀 후배가 있었다. 선배들은 보통 이 후배를 오지랖이 넓다고 귀찮아했지만 나는 그 직원의 적극성을 높게 샀다.

회사가 성장하고 조직이 커지면서 자체 연구개발센터가 설립되면서 그 후배는 연구개발실로 부서 전향이 되었다. 그는 그동안 현장에서 쌓은 영업지식을 제품개발로 연결시켰으며, 꾸준히 자기계발을 한 덕에 자기 업무영역을 확실하게 구축해나갔다. 설계 및 개발에 직접 참여하면서 실력을 인정받았고, 현재는 선배들을 제치고 회사 연구개발실의 수장으로서 주요 개발 업무를 진행하고 있다. 현장에서 쌓은 지식이 다양한 제품 개발로 이어지고, 그때 겪었던 시행착오와 다양한 데이터가 지금은 본인의 재산이 된 것이다.

배운 것을 어떻게 활용할지는 본인에게 달려 있다. 작은 관심 때문에 공부하게 되고, 그 지식이 확장되어 다용도로 활용된다. 특히 중소기업은 기존에 가지고 있던 지식과 배운 지식을 확장할 기회가 열려 있다. 한 분야의 업무만 다룬다면 절대 불가능한 일이다. 내가 배운 지식을 여러 파트에 활용해보고 남들과 다른 경험을 축적하면서 나의 자산 가치를 높이는 일, 이것이 중소기업만의 장점이 아닐까 생각해본다.

내가 오늘 겪었던 하나의 경험이 나중에는 10개로 활용되고, 이 축적된 10개의 경험이 언젠가는 100개로 활용되는 날이 올 것이다. 우리의 경험에는 곱셈식의 놀라운 마법이 숨겨져 있다. 지금 당장은 처리해야 할 업무로 버거울 수 있지만, 그 과정에서 배운 지식이 나의 내공으로 차곡차곡 쌓여가고 있는 건 사실이다.

지금까지의 나를 돌아보면 내가 한 일에 쓸데없는 일이란 없었다. 잘한 일이든 잘못한 일이든 우리는 그 경험으로부터 뭐라도 한 가지 이상은 배우게 된다. 이런 경험이 5년, 10년 후에는 나에게 날개를 달아줄 무기가 되어줄 것이다. 중소기업에 입사해서 배운 그 시간이 정말 좋았다고, 와서 배우기 잘했다고 이야기할 날이 올 것이다. 내가 그랬던 것처럼.

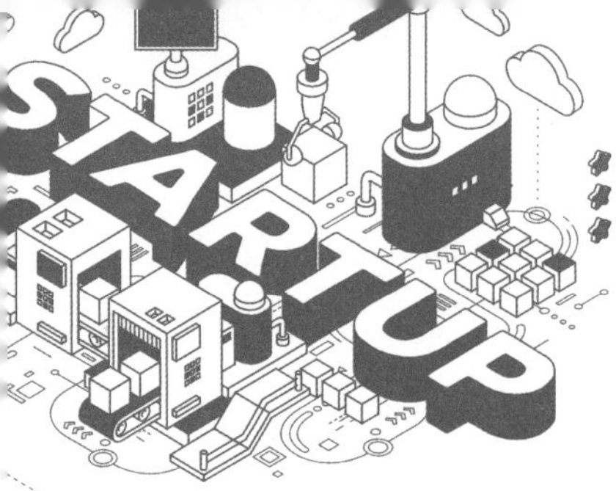

노력한 만큼 **보상과 초고속 승진이** 보장되는 중소기업

우리는 어떤 일을 했으면 그것에 맞는 정당한 대우를 원한다. 내가 노력한 만큼 보상이 주어지지 않으면 의기소침해져서 더는 에너지를 쏟고 싶은 생각이 사라진다. 지금까지 회사에 다니면서 내가 가장 좋았던 점은 남녀차별 없이 능력에 따라 승진이 보장된다는 점이었다. 내가 노력한 만큼 대가가 돌아오는 곳이 바로 중소기업이다.

내가 좋아하는 여자 후배가 하나 있다. 대학을 졸업하고 물류관리팀 신입으로 입사한 이 후배는 매사에 적극적이었다. 얼굴도 예뻤지만 하는 행동도 바르고 무엇보다 업무처리가 확실한 친구였다. 그래서 여러 부서 관리자들이 같이 일하고 싶어서 눈독을 들이는 직원이었다.

중소기업 특성상 중요부서에서 인원이 필요할 때는 외부에서 신입사원을 충원하지 않고, 우선 사내에서 인원 트레이드를 먼저 하게 된다.

능력 있는 관리자라면 직원들의 업무능력과 성격을 파악하고 있는 건 당연하다.

우리 회사에서 무역팀은 중요부서 중 하나다. 무역팀에서 마침 업무 확장으로 인원이 필요했는데, 이 후배가 후보 1순위였다. 해당 부서에서는 보내고 싶지 않았지만, 후배가 부서 전향을 원해서 자연스럽게 무역팀으로 부서를 이동하게 되었다.

이때부터 이 후배의 진가가 발휘되었다. 꾸준히 자기계발을 해왔던 덕에 어학연수를 다녀오지 않고 국내에서만 영어 공부를 했는데도 원어민 수준으로 대화가 가능했다. 거기다 성격도 좋아 해외 바이어들에게도 인정을 받았다. 이런 후배를 회사에서 가만히 두겠는가?

이 후배는 동기는 물론 선배들을 제치고 승진도 먼저 했고, 지금은 무역팀 팀장으로 해외사업을 총괄관리하고 있다. 한 달에 몇 번씩 해외출장을 다니고 주말도 반납할 때도 많지만 본인이 하는 일을 즐길 줄 알아서 옆에서 지켜보는 우리가 부러워하는 직원 중의 하나이다. 성격은 물론 재치는 어찌나 좋은지, 선배들이 뭐가 불편한지 눈치로 아는 베타랑 후배이다.

중소기업에는 이런 가능성이 활짝 열려 있다. 여자라고 해서 남자 동기들보다 승진이 늦다거나 차별받지 않는다. 중소기업은 적은 인원으로 다양한 환경 변화에 맞서야 하기 때문에 오히려 직원 한 사람 한 사람을 더 귀하게 여긴다. 잘하는 직원들에게는 더욱 의욕을 북돋아 주고, 성과가 나면 그에 합당한 보상을 해준다. 대기업에서는 이런 일들이 가능할까? 불가능하다. 내가 지원한 부서에서 퇴사할 때까지 근무해야 한다. 임원이 된다면 상황이 좀 달라질 수는 있겠지만 임원이 되기는 하늘에서 별 따기만큼 힘들다. 요즘은 대기업에서 임원이 되는 것을 두려워하는 경우도 많다고 한다. 임원은 계약직이므로 곧 나가야 한다는 암묵적인 암시라고 한다. 정말 능력이 좋아서 임원으로 승진하는 경우와 떠나보내기 위한 차선책으로 임원으로 올리는 경우가 있다고 한다.

앞에서도 언급한 경총의 「2014년 승진·승급관리 실태조사」 결과를 보더라도 대졸 신입사원이 부장으로 승진하기까지 실제 소요되는 연수는 평균 17.9년, 임원으로 승진하기까지는 22.1년이라고 한다. 대기업의 전체 직급 평균 승진율은 35.4%로, 중소기업의 59.4%에 비해 월등히 낮게 나타났다. 직급별 대기업 승진율은 '신입→대리' 65.4%, '대리→과장' 37.7%, '차장→부장' 29.9%지만, 중소기업은 '신입→대리' 66.4%, '대리→과장' 65.2%, '차장→부장' 54.3%였다. 중소기업은 대기업과 비교하면 연차에 따라서 승진률이 배 가까이 높다.

인테리어 디자인을 하는 20년지기 친구가 있다. 이 친구는 어렸을 때부터 공간을 예쁘게 꾸미는 것이 좋았다고 한다. 건축과에 가고 싶었지만 점수가 안 되어서 차선책으로 실내인테리어를 배운다는 가정관리학과에 입학했다. 학교에 다니는 동안에도 설계나 실내디자인 공부를 계속해서 졸업하고 작은 디자인 회사에 입사했다. 그리고 현장에서 경험을 쌓아 남자들도 힘들어하는 설계, 공사 현장에서 여자의 파워를 제대로 보여주었다.

처음에는 작은 인테리어 회사에 입사했지만 실력을 인정받아서 중견기업의 스카웃 제의를 받았고, 지금은 디자인 업계에서는 다 알 만한 회사에서 설계 팀장으로 일하고 있다. 자기가 좋아하는 일이라서 힘든 것도 즐기면서 일했고, 여자라고 대우받기를 원하지도 않았고, 스스로 자기 자리를 만들어가기 위해 끊임없이 노력했다. 디자인업계에서도 해외파와 국내파의 차별이 공공연히 있다고 한다. 해외에서 공부하고 왔다는 이유로 실력보다 더 대우해주는 현실 때문에 이 친구도 한동안 많이 갈등했었다. 결국, 이 친구는 새로운 도전을 위해 그동안 모은 돈을 가지고 영국으로 유학을 떠났고, 우리 사회에서 원하는 네임밸류를 가지고 몇 년 전에 한국으로 돌아왔다.

자신의 인생을 개척해나가는 이 친구의 노력을 보면서 나도 많이 배웠다. 그녀는 이제 자신이 경험했던 차별 아닌 차별을 후배들이나 팀원들이 받지 않는 환경을 만들어주고 싶다고 했다. 그래서 후배들에게 부족한 부분을 스스로 알게 하고 공부하도록 독려한다고 한다. 이런 현장의 고수가 우리 주변에 많이 있다. 중소기업에서 기본부터 배워서 자기의 입지를 단단히 하고 후배들을 양성하는 현장의 고수!

경험하지 않으면 알 수 없는 것이 절대적인 진리이다. 중소기업에서 최소 10년만 실력을 키워도 올라운드에서 만능선수가 될 수 있다. 이런 만능선수를 회사에서 가만두겠는가? 그 선수에 맞는 대우를 해주는 것은 물론 그에 맞는 타이틀도 준다. 또한 그 선수가 능력을 더욱 발휘하도록 그라운드 제공과 전폭적인 지원을 해준다. 해보겠다는 마음가짐, 긍정적인 태도와 노력만 있다면 우리 모두 중소기업에서 올라운드 플레이어의 만능선수로 거듭날 수 있다.

"우리는 어떤 생각이든 하게 되니, 이왕 생각하는 김에 원대하고 좋은 생각만 하는 게 낫다."

– 도널드 트럼프

"아무리 명마일지라도 한 번 뛰어 열 걸음 나아가지는 못한다. 아무리 하찮은 수레를 끄는 말이라도 중단하지 않고 먼 곳까지 도달한다면 명마와 다를 게 없다. 어떤 경우라도 단념하지 않고 전진을 계속하는 자만이 최후에 승리한다."

– 나폴레온 힐 〈나의 꿈 나의 인생〉 중에서

이런 명마로 거듭나고 싶지 않은가? 중소기업에 명마의 답이 있다.

올라운드에서 **전문가를 양성하는** 전문가 양성소

우리 주변에서 다양한 전문가 과정이 개설된 것을 볼 수 있다. 그 전문가 과정을 배우기 위해서 우리는 많은 시간과 노력, 돈을 투자한다. 그 과정이 인생을 살아가는 데 꼭 필요한 과정일 수도 있지만, 취업을 위해 스펙을 쌓기 위한 하나의 도구에 불과한 경우가 대부분이다.

일부러 돈과 시간을 투자하여 그런 과정을 이수할 것이 아니라, 중소기업에 입사해서 월급을 받아가면서 실전에서 배워보자. 마케팅과정, 관리과정, 생산과정, 영업과정, 기획과정… 일일이 열거할 수 없는 다양한 과정이 중소기업 안에 있다.

관리 과정

중소기업은 큰 업무구분은 되어 있지만 현실적으로 대기업처럼 세

부적으로 업무를 구분하여 진행할 수가 없다. 그래서 대부분 직원은 주문발주부터 회계처리까지 온오프 라인을 이용해서 직접 처리하게 된다. 2000년 초반까지는 전화상으로 주문받고 수기로 처리하던 것이 지금은 ERP 프로그램으로 처리되고 있다. 전문적인 회계업무까지는 하지 않지만, 중소기업에 입사한다면 ERP 프로그램 활용 및 전반적인 관리업무는 단시간에 마스터할 수 있다.

기획 과정

전체적인 회사의 기획업무를 배울 수 있다. 영업기획, 사업기획, 서비스기획, 상품기획, 경영기획, 광고기획, 생산기획 등 다양한 기획업무를 경험할 수 있다. 중소기업에서는 회사에서 이루어지는 모든 기획업무 마스터가 가능하다. 예를 들어 신제품 개발을 한다고 하면 관련 국내외 시장조사 및 데이터 분석 등을 연구개발실, 영업팀 등과 협의하여 진행하게 된다. 신제품이 개발되어 출시된 이후에는 상품 운영관리도 하면서 매출 및 수익분석, 사업기획도 병행하게 된다.

마케팅 과정

제품이 생산되었다면 그 제품을 판매하기 위한 스펙서 작성, 카탈로그 준비, 홈페이지에 제품 등재, 사용 매뉴얼, 동영상 매뉴얼 등 관련된 마케팅 자료를 모두 준비해야 한다. 중소기업에서는 업무를 세분화하고 분업하는 것이 현실적으로 불가능하다. 마케팅 담당자가 팀회의를 소집하고 제품 판매 스케줄에 맞춰 관련 자료를 모두 준비해야 한다. 이렇게 하나의 제품이 아닌 여러 가지 제품을 런칭하여 진행하다 보면 마케팅의 고수로 거듭날 수 있다. 이런 것이 중소기업의 매력이 아닐까 생각한다.

생산 과정

제품 생산을 위한 전반적인 업무를 배우게 된다. 제품 생산을 위한 부품별 협력업체 서칭 및 생산원가 관리, 생산라인 관리 등 생산 관련된 일련의 과정을 익히게 된다. 이 과정에서 특히 인정을 받는 직원들이 있다. 부품이나 생산 공정을 개선하여 생산원가를 줄여서 수익률 개선에 기여하는 직원이다. 이런 직원들에게는 별도로 회사에서 포상하기도 하고, 승진시키기도 한다. 중소기업에서는 내가 하기 나름이다. 생산을 위한 부품수급부터 생산 공정 및 스케줄 관리, 생산품질 관리 등 생산에 관한 전반적인 프로세스를 공부해나갈 수 있다. 내 일에 자부심을 가지고 업무에 임하면 누구나 전문가가 될 수 있다. 이런 과정은 모두 무료이다.

물류 과정

영업이 주문을 받으면 그다음으로 물류팀에서 배송을 책임져야 한다. 국내는 직접 배송을 하거나 택배회사를 이용하고 해외 배송은 국제운송회사로 연결하여 진행한다. 물류팀은 회사에서 취급하는 모든 제품의 재고 및 납품 스케줄을 전체적으로 관리하고 회사의 자산을 관리하는 부서이다. 과부족 제품은 해당 부서에 미리 통보하여 적정재고를 유지하도록 하여 고객들과의 약속인 납기를 책임지고 있다. 고객만족을 위해서 납기 준수는 기본 중 기본이다. 그래서 물류팀은 회사의 얼굴이며, 회사의 중추적인 역할을 후선에서 담당하고 있다. 중소기업에 들어온다면 누구나 이런 물류관리의 전반적인 시스템을 경험하고 배울 수 있다.

영업 과정

대기업과의 거래에서는 보통 해당 기업의 ERP 시스템을 이용하여 온라인상으로 주문이 이루어지고, 배송처리, 세금계산서 발행까지 전체적인 작업이 ERP를 통해서 이루어진다. 그러나 대기업을 제외한 대부분 회사나 개인들은 직접 회사에 전화하여 주문한다. 고객과 제일 일선에서 직접 응대하는 직원들이 영업팀이다. 현장에서 직접 이루어지는 영업활동도 있고, 사무실에서 전화나 방문하는 고객들을 대상으로 영업활동이 이루어지기도 한다. 고객들을 응대에서 제품 상담까지, 중소기업에서는 영업의 전 과정을 직접 경험할 수 있다.

품질보증 과정

대부분 기업은 품질보증시스템을 보유하고 있고, 그 관리 프로세스에 의거해서 품질관리를 진행하고 있다. ISO나 TL 등 국제인증을 보유하고 있으면 1년에 한 번씩은 사후 유지관리를 위한 실사가 나오게 된다. 품질보증시스템을 유지관리하는 것은 전 직원 몫이다. 그러나 현실적으로 전 직원이 관리하기는 힘들므로 품질보증팀 관리 아래 관련 부서의 전담직원 한두 명이 총괄해서 관리하게 된다. 업무에 관심 있는 일부 직원들은 전문적으로 공부해서 품질관리 심사원 자격증을 취득하기도 한다. 중소기업에서 내가 무엇을 특화하고 배울 건지는 언제나 나의 선택이고 나의 몫이다.

해외 업무 과정

외국 기업과 수출입을 진행하는 회사에서는 무역팀이 아니더라도 기본적인 무역업무를 배울 수 있다. 국내 고객을 통해서 자사의 물품이 해외로 판매되거나 해외 입찰이 이루어지기 때문에 그에 대한 서포트를 해야 하는 경우가 종종 있다. 그래서 제품 스펙서 검토, 해당 국가 통화로 견적 제출, 제품 배송 등 기본적인 해외 업무를 익힐 수가 있다. 좀 더 해외 업무에 관심이 있거나 배우고 싶다면 무역팀으로 부서 전향도 가능하다. 중소기업에선 조직을 탄력적으로 운영하기 때문에 이런 일이 가능하다.

기타 과정

이외에도 중소기업을 위한 정부지원사업 업무나 홈페이지나 쇼핑몰, 사내 인트라넷 및 이메일 관리를 통해서 기본적인 전산 업무 경험도 가능하다. 기술력을 가지고 있는 회사라면 특허를 다수 보유하고 있고, 지속적으로 국내외 출원이 이뤄지기 때문에 지식재산권 업무도 배울 수 있다. 그리고 국내외 입찰을 위한 제안서 작성 및 입찰 참여, 제품 출고 전에 이루어지는 B/S, 사후 관리를 위한 A/S업무도 경험이 가능하다. 이외에도 어떤 분야의 기업이냐에 따라 다양한 일들을 경험해볼 수 있다.

보통의 사람들은 돈을 지불하면서 배우는 전문가 과정을 중소기업에서는 월급을 받으면서 익혀나갈 수 있다. 나의 관심도에 따라서 배울 수 있는 과정은 몇 개에서 수십 개까지 다양하다. 중소기업은 올라운드에서 전문가를 양성하는 전문가 양성소이다.

다양한 인맥 **만들기가** 가능한 중소기업

중소기업의 최대 장점은 다양한 업무를 경험해볼 수 있다는 것이다. 주어진 업무가 나와 맞아 즐겁게 처리하는 업무도 있지만 때로는 어쩔 수 없이 병행해야 할 일들이 생기도 한다. 어떤 일을 맡게 되더라도 '해보겠습니다'라는 긍정적인 언어로 업무에 다가가기를 바란다. 새롭게 시작한 업무에서 새로운 사람들을 만나면 이 사람들은 나의 인맥이 되고 자산이 된다.

대기업과 달리 중소기업에서는 내가 속한 분야만이 아닌, 업무 전반적인 분야의 사람들과 관계를 맺게 된다. 중소기업에서는 다양한 인맥 만들기가 가능하고, 이 인맥이 내가 앞으로 살아가는 제2의 인생에 밑바탕이 될 것이다.

동료 인맥

중소기업에서 장기 근무를 하다 보면, 오고 나가는 수많은 직원을 거치게 된다. 평소에 생각해왔던 이상적인 직장의 모습과의 차이 때문에 중도에 포기하는 직원, 동료와 조화를 이루지 못하고 주변만 배회하다 회사를 그만두는 직원, 중소기업에서 배운 경험을 가지고 제2의 인생의 문을 두드리는 직원 등 이유는 다양하다. 그중에서 회사는 그만두었지만, 지금까지 계속 연락을 해오는 직원들이 있다. 새로운 분야에 도전해서 그곳에서 자기의 영역을 구축하는 동료도 있고, 회사에서 배운 경험을 가지고 창업을 한 동료도 있다. 그들은 지금 자신의 위치에서 열심히 살아가고 있고, 우리는 서로에게 응원을 보내는 사이가 되었다.

고객 인맥

사회 경험이 없던 내가 회사라는 사회에 발을 들여놓고, 통신이라는 새로운 지식을 회사를 통해서 배워나갔다. 나에게 처음 맡겨졌던 업무는 영업지원 업무였다. 영업지원 업무는 영업팀을 지원해주면서 전화로 고객에게 주문을 받고 제품 상담을 하는 것이 주 업무였고, 때로는 회사를 찾아오는 고객을 직접 상대하기도 했다. 최우선 전방에서 고객을 맞이하기 때문에 제품에 대한 지식은 물론 고객을 대하는 태도도 중요했다. 서울에서 제주도, 울릉도까지 전국의 통신 관련 회사들이 우리의 고객이었다. 회사의 목표는 100% 고객만족이었다.

하루가 다르게 변화하는 통신 시장에서 우리 회사가 살 길은 그 시대에 맞게 제품을 개발하여 고객의 니즈를 만족시켜주는 것이었고, 그

것이 고객의 입소문을 타서 우리 회사의 이름이 하나의 브랜드로 자리 잡게 되었다. 인터넷이 대중화되기 전에는 전화로 주문을 받고 제품을 출고하는 것이 일반적이었다. 많게는 하루에 4~5번 이상 통화하던 전화국 직원들도 있었다. 매일 통화하다 보니 친분이 쌓였다. 나중에 내려올 일 있으면 연락하라는 분들도 있고, 영업팀 직원들이 내려가면 나의 안부를 묻는 분들도 계셔서 내가 잘하고 있구나 싶어 뿌듯하기도 했다.

대리점 인맥

중소기업은 인원이 한정되어 있어서 전국을 다 커버하기는 현실적으로 힘들다. 그래서 전국 주요 거점에 회사 대리점을 운영하고 있다. 내가 입사하기 이전부터 운영되던 대리점도 있었고, 입사 이후에 새로 개설된 대리점도 있었다. 1년에 한두 번 대리점 정기회의가 있어 대리점 사장님들을 직접 만나 뵐 기회도 있었고, 하루에도 업무적으로 자주 통화하다 보니 회사 직원들처럼 지금은 편한 관계가 되었다. 경조사도 챙겨주시고, 인생 선배로서 좋은 말씀도 많이 해주신다. 이런 대리점 사장님들의 관계도 나의 재산이 되었다. 개인적으로 대구나 부산 등 지방에 내려갈 때도 사장님들에게 안부를 묻고 얼굴을 뵐 수 있는 사이가 되었다. 회사가 아니었다면 이런 좋은 분들을 어떻게 알고 지낼 수 있었을까 싶다.

거래처 인맥

나는 업무와 관계된 거래처 인맥이 많다. 회사 홈페이지와 쇼핑몰,

사내 이메일을 관리하면서 홈페이지 제작회사와 웹호스팅 회사의 실장님, 사장님들과 오랜 시간 인연을 맺고 있다. 생산 업무를 맡게 되면서 생산 관련 사출 및 부품업체 사장님들과도 오랫동안 교류를 해왔다. 마케팅 업무를 하면서는 디자인, 인쇄업체 사장님들, 특허업무를 하면서는 변리사님, 국가지원사업 업무를 하면서는 중소기업청이나 지식재산센터 등의 담당자들, 회사 관리업무를 하면서는 세무사님, 변호사님, 법무사님, 복사기 렌탈업체, 전산관리 업체 등 다 열거하기가 부족한 만큼 많은 분야의 사람들과 관계를 형성해왔다.

우리는 연결의 시대에 살고 있다. SNS가 보편화 되었기 때문에 업무로 알고 지내는 사람들과 친구로 맺어진 건 당연하고, SNS를 통해 소통하는 건 물론이요, 안부를 주고받기도 한다. 제2의 인생을 시작한 지금 나는 이분들의 도움을 받고 있다. 내가 도움이 필요할 때 연락하면 반갑게 맞아주시고 도움을 주신다. 이것 또한 내가 근무했던 중소기업인 우리 회사 덕분이다.

그 외 인맥

회사생활을 하면서 꾸준히 무언가를 배워왔다. 자격증을 따기 위해서 온오프라인으로 학교에 다니면서 만난 사람들, 학원에 다니면서 알게 된 사람들, 같은 취미활동을 통해서 사귀어온 사람들 등, 다들 직업도 나이도 다양하다. 한국어교사 봉사활동을 하면서는 내가 가르친 다양한 국적의 외국인 학생들과도 친구가 되었다. 나보다 한참 어린 친구도 있고, 나보다 연장자인 분도 있고 남녀노소 다양하다. 이렇게 관계가 형성된 친구들과는 SNS를 통해서 소통하고, 가끔은 오프라인으로 만나기도 한다. 자기 나라에 오면 꼭 연락하라는 외국인 친구들이 있다는 건 굉장한 행운인 것 같다.

우리는 흔히 옷깃만 스쳐도 인연이라고 한다. 중소기업에서는 옷깃만 스치는 인연이 아니라 마음가짐과 태도에 따라서 얼마든지 다양한 인간관계 형성이 가능하다. 직장생활에서 만나는 다양한 부류의 사람들에게 진실로 다가간다면 그 누구와도 신뢰를 쌓을 수 있다. 이런 신뢰가 바탕이 된 인간관계가 앞으로 살아갈 인생에서 큰 힘을 줄 거라 믿는다. 서로 도움을 주고받으면서 잘되기를 응원하는 친구가 있다면 그것만큼 큰 재산은 없다고 생각한다.

신뢰에 바탕이 된 이런 인적네트워크 구축을 중소기업에서 시작해 보지 않겠는가!

다양한 분야의 **만능 해결사** 자격 취득이 가능하다

회사 입사 10년 차에 나는 새로 개편된 물류팀의 팀장이 되었다. 부담되기도 했지만 나는 직책에 상관없이 평소에 하던 방식대로 팀을 정비하고 싶었다.

우리 팀은 말 그대로 회사에서 취급하고 있는 모든 제품의 물류관리 및 배송을 책임져야 하고 회사 자산관리 및 생산제품도 같이 관리해야 했다. 팀을 맡고 처음 진행한 일이 회사에서 장기적으로 보유하고 있는 재고를 파악하여 처분하는 일이었다.

우선 본사 창고와 공장 창고 등에 산재해 있는 자재들을 파악해서 공장별로 정리하고 제품 입고일과 원가 등을 확인하여 정리를 시작했다. 새로 개편된 팀에 처음 주어진 업무여서 사명감을 갖고 열심히 일을 추진했다.

그러나 일하다 보면 종종 주변에서 원치 않는 잡음이 생기기 마련이다. 그동안 회사에 숨겨져 있던 재고들을 끄집어내어 수면으로 내놓았을 때 많은 어려움이 나를 기다리고 있었다.

당시 제일 힘들었던 부분이 신념과 타협 간의 갈등이었다. 나의 머리는 신뢰가 우선이니까 신념에 맞게 업무를 처리해야 한다고 말하고 있었다. 그러나 주변으로부터 어느 정도는 타협해서 같이 살아야 하지 않겠느냐는 암묵적인 강압이 있었다.

나의 이런 업무처리 방식 때문에 나는 직원들 사이에서 일명 버릇없는, 눈치 없는 사람처럼 취급되다. 이런 업무처리 방식이 직원들과의 소통적인 문제가 될 수도 있겠지만, 진실은 감춘다고 감춰지는 것이 아니라고 생각했다.

나는 지금까지 회사생활을 하면서 '신뢰'가 가장 중요하다고 생각해 왔고 그렇게 배워왔다. 고객과의 신뢰, 협력업체와의 신뢰, 직원들과의 신뢰가 모두 중요했다. 내 판단의 결과로 주변의 따가운 시선을 받았지만 나는 내 판단이 맞다고 생각했다. 일부 직원들의 관리 부실이 수면으로 떠오르면서 몇몇 직원들의 표적이 되기도 했다.

그래도 난 나의 업무 처리 방식이 잘못되었다고 생각하지 않았다. 오래된 재고는 고철로 처분한 것도 있었지만 일부는 재활용하기도 하고 다른 생산제품에 전용해서 사용하기도 했다.

장기 재고를 처리함으로써 물류창고의 유동성이 확보되고 회사에 여러 가지로 플러스 요인으로 작용했다. 장기재고 물품 중에는 10년 이상 된 제품도 있었고, 정책 판단 실수로 과량 생산된 제품들도 다수 있었다. 최종 정리해보니 회사 매출의 1/4 이상을 차지하는 것으로, 중소기업 규모에서는 큰 손실이었다.

이때가 직책만큼이나 힘들었던 시기였다. 직급은 과장이었지만 직책은 물류팀 팀장이었으니 일부 직원들은 내가 무슨 특혜라도 받은 양 어떻게 하는지 보자는 식으로 심적으로 나를 힘들게 했다. 사장님께서 나에게 이런 직책과 업무를 부여한 것은 내가 다른 사람들과 타협하지 않고 성실하게 업무를 처리할 거라 믿었기 때문이라고 생각했다. 그래도 감사했던 게 우리 팀 직원들이 너무 성실하게 나를 이해해주고 잘 따라와 준 것이다. 그래서 하나씩 팀 체계를 잡아갈 수 있었고 팀을 안정화할 수 있었다.

어디가나 험담하는 사람들은 있기 마련이다. 직원들이 뭐라 하든 신경 쓰지 않으려 했고 나에게 주어진 업무를 제대로 해내서 그 사람들에게 보여주고 싶었다. 그래서 여자만의 섬세함과 다정함을 바탕으로 팀원들과 업무에 접목하여 일을 추진해나갔다.

그렇게 묵묵히 업무를 지원하다 보니 그 효과가 다른 팀에게도 전해져 영업팀 매출도 신장되는 좋은 시너지 효과도 있었다. 좋은 결과가 나오다 보니 조금 더 욕심이 생겼다. 그래서 어떻게 하면 좀 더 효율적으로 관리할 수 있을지에 대한 방법을 연구하게 되었다. 업무보고 양식과 데이터를 한눈에 알아보게 정리해 영업팀에게 실시간으로 피드백해주었다. 물류관리를 전산화하여 관리체계를 잡아갔고, 협력업체 관리, 생산관리에도 많은 시간과 노력을 투자했다.

나에게 주어진 업무에서 최고의 성과를 내고 싶었고, 나를 믿고 따라준 팀원들에게 그 혜택이 돌아가기를 원했다. 돌아보면 주어진 업무의 전문가가 되기 위해 치열하게 노력했던 시기였다.

직장생활을 하면서 신념대로 일을 처리하다 보면 주변의 따가운 시선과 질타를 받을 때가 있다. 그러나 조직생활에서 이런 갈등과 당면하는 문제들을 하나씩 풀어나가면서 배우는 것이 진정한 인생 공부가 아닐까 한다.

회사 직원들에게 인정받고 자신의 위치를 확고하게 다지려면 어떻게 해야 할까?

1. 신뢰로 접근하기(진실로 다가가기)

업무나 동료를 대할 때 진심으로 마주 봐야 한다. 거짓은 또 다른 거짓을 낳게 되고 나중에는 해결 불가능한 상태가 되어버린다. 결국 거짓은 죽고 진실만이 남게 된다.

2. 팀원들과 성과 공유하기

조직생활을 하다 보면 잘한 건 내 덕, 잘못한 건 네 탓을 외치는 사람들이 있다. 팀원이 세운 공을 마치 본인이 한 것처럼 보고하는 팀장들이 간혹 있다.

이런 팀장을 믿고 누가 같이 일하고 싶겠는가. 팀원이 잘한 일은 잘했다고 보고하고, 잘못한 일에 대해서는 화살받이가 되어주는 것이 팀장이 해야 할 일이다. 그래야 팀원이 나를 믿고 따라오고 팀에 시너지 효과가 생긴다.

3. 팀원들과 소통 지속하기

팀 간의 정보 공유는 기본 중의 기본이다. 간혹 자신을 돋보이게 하려고 정보공유를 하지 않는 직원 때문에 팀과 회사 전체가 큰 피해를 보는 경우가 있다.

같은 조직에 있다는 것은 같은 목표를 가지고 앞으로 나아간다는 뜻이다. 팀 간의 소통이 지속적으로 잘 이루어지기 위해서는 우리가 모인 대의를 팀 구성원과 정기적으로 공유하고 의견을 나눠야 한다. 팀의 성장은 곧 회사의 성장이고, 그 이익은 결국 직원들에게 돌아온다.

4. 숲을 볼 줄 아는 안목

당장 눈앞에 닥친 일만 처리하고 앞만 보다가 일을 그르치는 경우가 있다. 업무를 보는 반경을 넓힐 줄 알아야 하고, 큰 그림을 볼 줄 아는 안목을 키워야 한다. 이건 하루아침에 되는 게 아니다. 지속적으로 노력하면 달라진 자신의 모습을 보게 될 것이다.

무슨 일이든 선택은 내가 하는 것이고, 내가 하기 나름이다. 모든 것을 포용할 수 있도록 나의 그릇을 키우는 것도 중요하고 그 그릇에 주변을 슬기롭게 담아가는 것도 중요하다. 내 생각을 주변 사람들에게 바르게 이해시키고 함께 나아가는 것이 직장생활의 노하우인 것 같다.

나도 여러 업무를 맡아 많은 문제 상황들을 겪으며 상황별 문제해결 능력을 본능적으로 배운 것 같다. 당시는 힘들었지만 시간이 지난 지금은 나만의 노하우로 축적되었다.

앞으로 살면서 많은 문제를 만나게 되더라도 절대 뒤로 물러서지 않을 거라는 자신감을 얻은 것은 말할 것도 없다.

기본도 제대로 못하면서 **어떻게 남들보다** 앞서나갈래?

중소기업은 정말 매력적인 전쟁터이다. 다양한 전쟁터를 오가면서 그 전쟁터에 맞는 무기가 무엇이고, 그 무기를 어떻게 활용하면 전쟁에서 승리할 수 있는지 배울 수 있다. 한 분야에서만 일하는 대기업에서는 절대 맛볼 수 없는 다양한 맛이 있다. 이런 기업에 속해 있다면 누구나 올라운드 플레이어로 거듭날 수 있다.

중소기업에서 장기간 근속하다 보니 회사를 오갔던 많은 직원과 거래처 직원들 그리고 고객들, 여러 부류의 사람들을 만났다. 그중에 기억에 남는 사람들도 있고, 그냥 스쳐 지나가서 기억도 나지 않는 사람들도 있다. 같이 일하면서 그 사람의 성격이나 업무 스타일을 하나하나 보다 보면 첫인상이 끝까지 가는 사람이 있는가 하면, 첫인상과는 다르게 지낼수록 여러 가지 면에서 호감이 가는 사람이 있다.

첫 대면에서 보통 인상으로 그 사람을 파악하고, 2차로 대화를 통해서 성격이나 성향을 파악하게 된다. 신입사원 면접을 보게 되면 첫인상처럼 계속 좋은 직원이 있는가 하면, 성격이 우리 업무와 맞을 것 같고 모든 면이 적극적이고 긍정적이어서 채용했는데 막상 일해 보니 다른 경우도 많았다.

나는 신입사원은 아무것도 모른다는 전제하에서 가르친다. 신입사원들에게 업무를 설명해줄 때 이해가 되지 않으면 무조건 질문을 하라고 이야기한다. 그런데 신입사원들에게 같은 일을 시키면 결과가 항상 다르게 피드백이 온다. A라는 직원은 궁금하거나 이해되지 않는 부분을 계속해서 질문하며 업무를 진행한다. 반면 B라는 직원은 대답은 알았다고 하면서 모르는 부분이 있어도 임의대로 처리한다.

두 사람의 결과는 어떻게 다를까? 계속 질문하면서 업무를 처리했던 A 직원은 80% 이상 그 업무를 이해하고 처리를 잘했다. 그러나 B라는 직원은 같은 시간을 소요해서 했는데 처음부터 다시 해야 하는 일이 발생한다. 얼마나 비효율적인 일인가.

회사에서는 신입사원이라는 것을 감안하고 이해하기 때문에 질문하면 언제든지 마음을 열고 받아들일 준비가 되어 있다. 적극성을 보이고 열심히 하려는 모습이 예뻐 보이기까지 한다. 그래서 그 직원에게는 하나라도 더 가르쳐주려고 내가 신입사원에 겪었던 에피소드나 어려웠던 부분들까지 얘기해주며 같은 실수를 반복하지 않도록 설명해주게 된다.

중소기업에서 올라운드 플레이어가 되기 위한 기본 바탕은 인사성,

적극성, 동료와의 소통, 자기 관리다. 우리가 다 아는 뻔한 이야기지만 회사생활에서 정말 중요한 포인트이기 때문에 짚어보겠다.

인사성

회사에는 여러 부서 사람들이 있기 때문에 직원들을 빨리 익히는 게 본인에게 가장 이익이다. 회사 복도에서는 모르는 얼굴을 보더라도 가볍게 웃으면서 인사하는 게 신입사원의 기본이다. 신입사원뿐 아니라 모든 직원에게 해당하는 가장 중요한 수칙이다. 아침에 출근해서 처음 만나는 사람이 나를 보며 밝게 웃으며 인사해준다면 하루를 기분 좋게 시작할 것이다. 외근 갔다가 들어오는 직원을 보면 반갑게 '수고하셨어요.' 하고 밝은 표정으로 인사해주면 밖에서 고생한 직원은 그날의 피로를 잊게 된다.

일을 잘하고 못하고는 다음 문제인 것 같다. 일을 잘하는 것도 중요하지만, 인간으로서 지켜야 할 기본적인 예의가 갖춰져야 회사생활도, 동료와의 관계도 순탄하다.

적극성

회사에서는 시키는 일만 했다고 해서 그 사람이 일을 잘했다고 하지 않는다. 시키는 일은 기본적으로 잘해야 하고 팀에서, 부서에서 적극적으로 일을 찾아서 해야 한다. 주어진 업무 이외 일까지 확장해서 생각해야 하고 그 업무에 대해서 파생되는 문제점이나 보완점들을 같이 정리한다면 그 직원은 정말 완벽하다.

보통 신입사원에게는 3개월 정도 수습기간이 있다. 3개월을 같이 지내다 보면 그 친구가 일머리가 있는지, 예의가 바른지 바로 판단이 된다. 모든 사람은 인정받는 사람이 되고 싶어한다. 그러려면 그에 합당한 행동을 취해야 한다. 주변을 둘러보고 적극적인 자세로 생활한다면 내가 오늘의 주인공이다.

동료와의 소통

회사생활은 혼자서 하는 게 아니다. 회사는 팀과 부서로 이루어진 조직이다. 회사에서 유아독존처럼 세상에 온갖 고뇌는 혼자 짊어진 것처럼 생활하는 직원들이 있다. 그런 직원들은 갈수록 고립되어서 결국은 회사를 그만두는 경우를 보았다. 우리가 사는 이 사회는 더불어 사는 세상이므로 서로 소통하며 살지 않으면 도태되기 마련이다.

자기 관리

회사생활뿐만 아니라 인생을 살아가면서 자기 관리는 중요한 포인트다. 시간 엄수는 기본이다. 회의시간이 정해져 있으면 최소 5분 전에 들어와서 준비하고 있어야 서로의 시간을 낭비하는 일을 줄일 수 있다. 업무를 하다 보면 여러 자료와 서류들로 책상 위가 어지럽혀진다. 업무를 하는 동안은 어쩔 수 없지만 퇴근할 때는 퇴근했다는 것을 동료가 인식할 수 있을 정도로 깨끗하게 정리하고 퇴근해야 한다. 그리고 내일 해야 할 업무를 리스트업 해놓고 퇴근하면 다음 날 출근해서 시간을 효율적으로 쓸 수 있다. 어떤 직원들은 책상과 주변이 정신없이 어질러져서 본인 말고는 서류위치를 알 수가 없기도 하다. 자기 주변 정리는 조직생활에서 필수이다. 우리가 사소한 것이라고 생각하는 것들이 직장생활에서는 꼭 지켜야 할 기본 중의 기본이다.

남들보다 조금이라도 괜찮은 사람이 되려면 그만큼 노력을 해야 한다. 사소한 것들을 정말 몰라서 지나치는 경우도 있고, 알면서도 자존심 때문에 보려 하지 않을 때도 있다.

그렇지만 이왕 하는 사회생활, 인정받으며 즐겁게 하면 더 좋지 않은가? 주변에 대한 작은 관심이 언젠가는 내게 큰 즐거움으로 돌아올 날이 있을 것이다. 그러니까 현재 자기 위치에서 힘을 내면 된다. 이 멋진 전쟁터의 장수가 되고 싶지 않은가?

Chapter 6

중소기업에서
경영수업을 받아라

대기업 10년보다 **중소기업 10년이** 사장이 되는 지름길

직장생활에서 나에게 가장 많은 영향을 주었던 분은 우리 사장님이시다. 대기업과 다르게 중소기업의 특징 중 하나가 모든 결재라인이 담당 - 팀장 - 부서장 - 사장, 또는 업무 특성에 따라서 담당 - 부서장 - 사장, 담당 - 사장 이렇게 빠르게 이루어진다.

담당자가 직접 사장님에게 보고를 올리기 때문에 담당자 본인이 업무에 대해서 가장 잘 알고 있어야 하고, 그 업무에 따른 파생적인 업무도 파악하고 있어야 한다. 결재를 올리는 과정에서 업무에 대해 좀 더 자세히 파악하게 되고, 그에 따른 문제점은 없는지 다각도로 생각하면서 업무를 진행하게 된다. 그렇다 보니 사장님에게 직접 기초부터 경영수업을 받는 셈이다. 어떻게 보면 나는 중소기업의 수혜자가 아닐까 하는 생각이 든다.

예를 들어 우리 회사에서 생산하고 있는 광접속함체 생산의뢰서를 생산팀에 보내려면, 우선 팀장에게 현 재고와 주문대비 과부족 수량 데이터와 함께 생산의뢰서 결재를 올린다. 팀장 결재를 득하고 나면 사장님 결재를 올린다. 사장님은 팀장보다 한 단계 높이 생각하셔서 다양한 질문을 하신다. 현재까지 출고 수량이 어떻게 되는지, 잘 팔리는 규격은 어떤 제품인지, 올해까지 몇 개를 생산 지시했는지 등을 물으시면 실무자인 나는 그 부분을 더 자세하게 정리해서 보고해야 한다.

그러면 나는 생산의뢰서 결재를 받기 위해서도 있지만 제품에 대한 전체적인 흐름을 파악하고자 올해 출고 및 생산 수량을 기본적으로 정리하고, 또 사장님이 어떤 질문을 하실지 미리 생각해서 자료를 최대한 자세하게 분석해서 그 데이터를 머릿속에 넣고 결재를 올리게 된다. 최소 3개년 생산 및 출고수량에 주요 업체별, 규격별, 분기별 출고수량은 어떻게 되는지 1차적으로 분석한다. 그리고 앞으로 남은 판매 시간을 계산해서 올해는 작년 대비 얼마나 더 출고될 것인지 데이터를 다방면으로 분석한다. 이런 분석 데이터는 결제를 위한 자료이지만 현장에서 영업하는 영업팀에도 전달하여 영업활동에 반영하게 한다.

회사생활을 하면서 사장님에게 참 많은 것을 배웠다. 회사 업무도 그렇지만 인생을 살아가는 지혜도 같이 배웠다. 중소기업에서의 10년은 대기업의 10년과는 경험하는 스케일이 다르다. 그 경험이 나를 성장하게 하고 내 미래를 더욱 확고하게 해주었다.

1년 차는 직장의 분위기와 회사 문화를 파악해가는 시기이다. 이 시기에는 회사 문화에 빨리 적응하여 동료와 어울리는 것이 제일 중요하다. 주변의 동료에게 관심을 가지고 무엇을 하는지, 선배들은 어떻게 일을 처리하는지 살피면서 기본기를 배워야 한다. 그러면서 주어진 일을 처음부터 끝까지 마무리해보면서 업무를 파악해나가야 한다. 1~2년 차 때 회사 분위기를 이해하고 동료와의 스킨십이 제대로 이루어졌다면 앞으로의 회사생활이 순조롭게 흘러가게 된다.

3년 차는 신입사원티를 벗고 직급도 달면서 이제 일할 만한 위치에 있게 된다. 그러다 보니 여기저기서 요구하는 것도 많아지고 그 기대에 부응하려다 보니 힘이 들 때도 있다. 직원들과 갈등이 생기기도 하고, 선배와 후배 사이에서 챙겨야 할 것들이 많아지는 시기이다. 이때가 가장 힘든 시기인 것 같다.

이 시간을 슬기롭게 보내기 위해서는 회사 일과 별개로 취미생활을 가지는 것이 좋다. 매일 보는 동료를 탈피해 다른 부류의 모임에 나가 새로운 인간관계도 맺어보고, 평소에 배우고 싶었던 것도 배우는 등 온전히 나를 위한 시간을 1주일에 2~3회 가져보는 것이다. 그러다 보면 직장생활에서 놓치고 있던 것들이 새롭게 보이고, 나를 위한 힐링의 시간이 된다. 그리고 내가 지금 겪고 있는 일들이 모두 인생을 사는데 필요한 과정임을 깨닫게 된다.

5년 차는 대리 정도의 직급으로, 회사에서 중간관리자 위치에 서게 된다. 자기만의 업무 영역도 생기고, 회사 내에서 입지를 확고하게 다질 수 있는 시기이다. 주변도 살펴가며 업무 시야를 넓게 가지면 회사에서 인정도 받고 자신의 업무영역을 발전시킬 수 있다. 이 시기를 어떻게 적극적으로 보내느냐에 따라 승진과 보상이 달라진다.

새로 주어진 업무는 반드시 도전해보기 바란다. 그 업무가 나에게 날개를 달아줄 수도 있다. 그리고 회사의 목표와 팀의 목표를 위한 로드맵을 작성해 움직이면 연말에는 노력에 합당한 보상을 받고 그 속에서 성장한 자신의 모습을 보게 될 것이다.

7년 차는 업무능력에 따라 나의 평가와 위치가 결정되는 시기이다. 동기가 나보다 먼저 진급하거나 후배가 나를 추월해 먼저 진급되기도 한다. '이제 내가 설 곳이 없나? 그만두어야 하나?'라는 생각이 들기도 한다. 몇몇은 이 시기를 이겨내지 못하고 잘못된 선택을 하기도 한다. 그러나 늦었다고 생각한 때가 가장 빠른 때라는 말이 있듯이, 지금 그 자리에서 리셋해 다시 시작하면 된다. 지금까지 조금 돌아왔다고 생각하고 힘내서 부족한 부분을 보완하고 노력하면 역전이 가능하다.

지금까지 내가 부족했던 부분과 보완해야 할 것들을 선후배들에게 진지하게 물어봐라. 그것을 리스트화하여 업무를 진행하는 데 적극 반영하고, 한 달에 한 번 자신을 체크해보는 시간을 가져보기 바란다. 이렇게 몇 개월만 실행하면 주변에서 예전과 달라졌다는 얘기를 듣게 될 것이다.

10년 차는 회사에서 중추적인 역할을 진행하는 위치이다. 차장 정도의 직급을 가지게 되고, 업무능력에 따라서 부서장 역할까지 할 수 있다. 회사의 전반적인 시스템을 파악하면서 업무를 다방면으로 볼 줄 알고, 회사에서는 추진하는 중요 프로젝트를 맡아 진행이 가능하다. 경영자와 실무자의 연결고리 역할을 하며 회사에 없어서 안 되는 중요한 포지션이다. 회사에서의 대우도 대기업 못지않다.

10년이라는 세월은 우리에게 많은 변화를 가져다주고, 제2의 인생을 위한 새로운 기반을 마련해주기도 한다. 특히 중소기업에서 10년을 근무했으면 조직생활의 산전수전은 다 겪어봤다고 말할 수 있다. 10년 동안 그 많은 갈등과 어려움을 이겨내고 회사에서 당당하게 서 있다는 것 자체가 대단한 일이다. 이제는 주도적으로 일을 처리하고, 어떤 분야에서든 마음껏 역량을 발휘할 수 있다.

중소기업의 장점 중 하나는 신입부터 임원까지 사장님으로부터 직접 경영수업을 받으면서 모든 영역을 소화할 수 있다는 것이다. 회사 운영의 전반적인 프로세스를 파악하는 것은 물론, 많은 시행착오를 겪으면서 무엇과도 바꿀 수 없는 경험적 데이터 축적이 가능하다. 이런 경험들은 돈 주고도 살 수 없는 비밀병기이다. 나는 이런 비밀병기가 있기에 앞으로 세상 살아가는 두려움이 없다. 대기업 10년의 경험보다 중소기업에서의 10년이 제2의 인생을 준비하는 데 훨씬 큰 도움이 된다고 나는 확실하게 말할 수 있다.

시작점에서는 대기업과 중소기업이 차이가 많은 것처럼 느껴진다. 그러나 달리다 보면 그 간격이 점점 줄어들어 어느 순간 역전하는 시기가 온다. 앞으로가 어떻게 변할지 궁금하기도 하고, 그래서 인생이 재미있는 것 같다. 사장이 되고 싶은가? 그러면 중소기업에서 경영수업을 받아봐라.

화려한 제2의 인생을 꿈꾼다면 중소기업에서 배워라

지금까지 우리 회사를 거쳐간 많은 직원이 있다. 다양한 성격을 가진 사람이 모이는 사회이다 보니 다들 성격과 캐릭터들이 다양했다. 신입사원들의 역량은 다들 비슷비슷하지만, 그중에 선배들의 눈에 드는 직원들은 따로 있는 것 같다. 바로 그 사람의 태도에 따라 많은 것이 달라진다.

삶에 목표가 있으면 어떤 환경에서도 배울 것은 있다. 정말 못된 사람이나 막 나가는 사람들한테는 '나는 저 위치에 있으면 절대 저렇게 행동하지 말아야지.' 하고 배우는 것도 하나의 교훈이다. 생글생글 웃는 얼굴에 침 뱉지 못하듯이, 웃으면서 질문해오는 후배를 그냥 지나칠 사람이 누가 있을까? 그런 후배들에게는 뭐라도 해주고 싶은 게 인지상정이다.

차 마실 때 옆에 있는 사람에게 권하는 것은 기본적인 예의인데 누가 옆에 있건 말건 자기만 생각하는 이기적인 사람들도 있다. 선임 선배가 "혼자 먹으면 맛있니?"라고 툭 건네도 아랑곳하지 않고 '너는 말해라. 난 그냥 내 할 일만 하련다.'는 식으로 넘어가는 얄미운 후배들도 있다.

그런 눈치 없는 후배에게는 무안해서 농담이라도 건네겠는가. 보통 생각이 있거나 정말 몰랐다가 깨우친 사람은 다음에는 최소한 옆 사람에게는 권한다. 그런데 정말 눈치 없고 이기적인 사람은 평생 모르고 생활하는 것 같다.

지금도 기억에 남는 후배가 있다. 항상 밝은 얼굴에, 무슨 얘기를 해도 긍정적으로 받아들이던 후배였다. 회사 생활은 처음이었지만, 대학 생활 동안 꾸준히 아르바이트하면서 사회 경험을 했던 터라 인성도 되었고, 뭐든 배우려는 자세로 다가왔다. 선배들이 갓 들어온 후배들을 챙기고 가르치는 것이 당연하듯이, 신입사원이 회사에서 예쁨 받으면서 빨리 적응하려면 다음 세 가지 태도는 기본인 것 같다. 바로 '밝은 얼굴', '인사성', '적극적으로 배우려는 자세'이다.

밝은 얼굴

잘생기고 예쁜 것을 떠나서 생글생글 웃는 밝은 얼굴 앞에서는 닫혔던 마음도 열린다. 고객을 만나든 거래처 사람을 만나든, 우리가 처음 보는 것은 그 사람의 표정 및 인상이다. 아이를 키우는 부모들은 이런 경험을 많이 해봤을 것이다. 미운 4살, 죽이고 싶은 7살이라는 말이 있듯이 한참 아이가 말을 듣지 않고 고집을 피우는 때가 있다. 이럴 때 부모들은 주로 훈육 차원에서 화난 표정으로 '절대 그렇게 하면 안 돼' 하고 눈으로 아이를 제압한다. 그때 눈치 빠른 아이는, 특히 둘째는 엄마나 아빠가 자기를 좋아한다는 것을 이용해서 얼굴에 뽀뽀하거나 애교를 부린다. 절대 이런 행동에 넘어가서는 안 된다는 것을 알면서도 아이의 해맑은 표정을 보면 참았던 웃음을 터트리게 된다. 밝은 얼굴 앞에서는 약해질 수밖에 없다.

인사성

밝은 얼굴 못지않게 중요한 것이 인사다. 밝은 표정으로 처음 만나는 사람에게 인사하는 건 기본이다. 신입사원들이 많이 간과하고 있는 것이 이 부분인 것 같다. 어색하고 긴장되다 보니 쭈뼛쭈뼛하면서 사람을 그냥 지나치는 행동, 이건 절대 금물이다. 회사에 오면 자기 부서 직원이건 타 부서 직원이건 무조건 마주치면 가벼운 목례와 함께 '안녕하세요' 하고 인사하는 건 기본이다. 하루에 한 번을 만나든 두 번을 만나거나 무조건 볼 때마다 인사해야 한다. 그렇게 하면 보통 선배들은 겉으로 말은 하지 않지만 기본은 되어 있는 친구구나 생각하게 된다. 그리고 그 후배가 무엇을 요청하거나 도움을 필요로 하면 선뜻 도와준다. 이렇게 좋은 모습으로 선배들의 기억에 남기를 원하는가? 그럼 당장 밝은 얼굴로 인사부터 해라.

무엇이든지 적극적으로 배우려는 자세

적극적으로 배우려는 자세는 신입사원에게 기본적으로 장착되어 있어야 한다. 예를 들어서 동기 두 명이 있다고 해보자. 한 후배는 모르는 것이 있으면 옆에 있는 선배에게 달려가서 계속 질문하고, 다른 후배는 알건 모르건 자기 혼자 자기 방식대로 해결하려 한다고 해보자.

첫 번째 신입사원 같은 경우는 보통 넉살이 좋다고 한다. 무엇이든지 궁금한 것이 있거나 모르는 것이 있으면 선배에게 커피 한잔 건네면서 계속 질문한다. 이 경우 대부분 선배는 기분 좋게 받아들이며 궁금증을 해결해주려고 할 것이다. 본인이 모르면 다른 전문가를 찾던지 공부를 해서라도 가르쳐주려 할 것이다. 적극적으로 배우려는 자세를 높이 사 그 후배가 도움을 청하면 발 벗고 나서서 처리해주려고 한다.

두 번째 경우에는 회사에서 문제를 일으키는 경우를 종종 보았다. 처음 맡는 업무이기 때문에 모르는 것이 당연하다. 경력 사원일지라도 회사마다 업무를 처리하는 프로세스가 다를 때가 많다. 그런데 모르는 것이 있어도 자기 혼자 해결해보려는 독불장군형이 있다. 자기 방식대로 업무 진행을 다 해놓고 상사에게 이렇게 했으니 확인해달라고 하는 타입이다.

본인 스스로 문제를 해결하려는 자세는 높이 살 만하다. 그러나 잘 알지도 못하는 일을 마음대로 처리하면 항상 문제가 일어난다. 그러면 90% 이상은 수정하는 것이 더 힘들어서 처음부터 많은 시간을 들여 다시 작업해야 하는 경우가 비일비재하다.

이런 비효율적인 업무처리를 막는 방법은 첫 번째도 질문이고, 두 번째도 질문이다. 선배들이 '선배' 타이틀을 그냥 얻은 것이 아니니까 그것을 잘 활용하기를 바란다.

내가 지금까지 회사생활을 하면서 아끼고 예뻐했던 후배들은 모르면 질문하고 또 질문하는 적극적인 자세의 후배였다. 모르는 것은 부끄러운 게 아니다. 정말 모르는데 다 아는 듯한 표정으로 있는 게 더 부끄러운 행동이다. 후배가 질문했는데 내가 모르는 것이 있으면 나도 선임 선배들에게 질문하거나 인터넷으로 찾아서 설명해주려고 노력했다.

나도 모르는 후배의 질문이 나에게는 하나의 자극이 되어서 나를 긴장하게 했고 더 공부하게 했던 것 같다. 인생은 죽을 때까지 공부의 연속이다. 중소기업에서 이런 기본기를 얼마든지 배울 수 있다. 생각을 조금만 바꾸면 더 큰 세상을 볼 수 있는 곳이 중소기업이다. 말이 중소기업이지 나의 미래를 위해서는 대기업보다 더 큰 사고와 꿈을 가지게 하는 기업이다. 오늘 옆을 한번 돌아봐라. 이런 중소기업이 당신 옆에 있을지 모른다.

나를 성장시키는 무기가 작은 회사 안에 있다

누구나 자기만의 우상을 마음에 품고 살아간다. 좋아하는 마음은 사람을 긍정적으로 변하게 한다. 인생을 살아가면서 누군가로부터 긍정적인 에너지를 얻고 가슴이 설레었던 경험은 누구나 있을 것이다. 나는 고등학교 때 수학 선생님이 대학이나 수능점수보다 우리의 입장을 먼저 생각해주셔서 무척 좋아했다. 그 덕에 수학 공부를 정말 열심히 했다. 그 외에도 좋아했던 연예인, 선배에 대한 추억이 있다. 그때는 그것이 최고였고 정말 열정적으로 빠져 있었다.

대학교에 입학하고 나서는 컴퓨터 동아리 활동을 열심히 했다. 1996년 당시만 해도 개인 컴퓨터 보급률이 낮아서 학교 전산실을 이용해서 리포트를 쓰고 PC통신을 했다. 내가 속한 동아리는 학술 동아리라서 프로그램을 만들어서 매년 프로그램 전시회를 열곤 했다. 한참 동아리 활동을 할 때에 우리 분과 선배가 윈도우, DOS, 비주얼 베이직 등 다양한 신세계를 알려주었다. 공대 선배였던 그 선배가 어찌나 똑똑하고 멋져 보였는지, 그 선배 덕에 남들보다 많은 컴퓨터 지식을 얻게 되었고 공부도 더 열심히 했다. 그때 공부했던 소프트웨어와 하드웨어 지식이 회사생활에 큰 도움이 되었다. 인문대생이었던 내가 정보처리기사 자격증을 따던 것은 그 선배에게 잘 보이기 위해서였다. 결과적으로 어떤 대상을 좋아하게 되면 항상 긍정적인 결과로 나타나는 것 같다. 지금까지 나의 경험으로 보면 단점보다는 장점이 훨씬 많았다.

회사생활을 하면서는 우리 사장님이 나의 롤모델이었다. 아버지 같은 인자함과 엄격한 가르침이 지금 내가 이 위치에서 생활할 수 있는 밑바탕이 되었다. 나는 사장님에게 정말 많은 것을 배웠다. 사장님은 직원들을 꾸짖을 때는 확실하게 야단치시고, 직원들을 위할 때는 한 없이 넓은 마음으로 대하셨다. 회사에서 야유회를 가든, 해외여행을 가든 먹는 것과 잠자리는 제일 편하고 좋아야 한다는 신념으로 항상 직원들을 위해 최선으로 해주셨다. 그래서 회사에서 여행하는 동안 좋은 것만 먹고, 좋은 호텔에 머물러서 그런지 여행에 관해서는 눈이 높아진 것도 사실이다. 사장님의 배려가 있었기에 나는 장기근속을 할 수 있었다.

십여 년의 직장생활 동안 나도 모르게 조금씩 성장하는 내 모습을 보면서 대견하기도 하고 좀 더 분발해야겠다는 생각을 하게 됐다. 회사생활을 오래 하다 보니, 요즘 들어 내가 살아온 인생을 뒤돌아보게 된다. 내가 정말 잘 살아왔는지, 내가 예전에 느꼈던 설렘을 다른 누군가에게 줄 수 있는지 반성도 하게 된다. 나도 이제 누군가의 심장을 뛰게 하고 설렘 속에서 일을 추진하게 하고, 인생의 조력자로서 격려와 응원을 해줄 수 있는 그런 인생의 롤모델이 되고 싶다.

내가 한 회사에서 장기간 근무하면서 배우지 않았다면 이런 내적인 성장도 없었을 것이다. 나의 경험에 비추어 회사에서 롤모델이 되기 위해서는 다음의 4가지가 중요한 것 같다.

첫 번째는 긍정적인 에너지를 주는 사람이다. 무엇이든지 하고자 하는 의욕을 불러일으키게 하고 인생의 방향 설정에 도움이 되는 그런 사람, 안 된다는 생각은 아예 버리고 남들과 비교하지 않고 자신의 속도에 맞게 걸어가는 사람이다. 이런 에너지를 주는 사람 주위에는 동료가 많다. 이렇게 즐겁게 한 걸음 한 걸음 나아가다 보면 동료부터 인정하게 된다. 내가 힘들 때 먼저 다가와 어깨도 내어주고 도움을 준다.

두 번째로는 사람과 사람을 연결하여 소통하는 태도이다. 상대방의 의견을 끝까지 경청하고 무조건적인 반대가 아닌 타협과 소통을 이끌어내는 직원이 있다. 그런 직원과 같이 일하면 마음이 편하다. 의견을 낸 사람도 존중해주면서, 만약 상대방의 생각이 잘못되었으면 그 자리에서 면박을 주거나 대항하는 것이 아니라 설득을 통해서 다수의 의견을 관철시키는 사람은 협상의 달인, 소통의 달인이다. 피터 드러커는 "의사소통에서 제일 중요한 것은 상대방이 말하지 않는 소리를 듣는 것이다."라고 말했다.

세 번째로 끊임없이 새로운 시도를 위해 노력하는 자세이다. 같은 사람들과 같은 일을 오랫동안 반복하다 보면 현재 본인이 서 있는 자리에 안주하려는 성향이 나타난다. 현재 자신이 하고 있는 일이 제일 편해서 새로운 일은 시도조차 하려 하지 않는다. 그래서 신입사원이나 새로운 팀원이 들어와서 다른 의견을 제시하면 귀찮아하거나 복잡하게 일을 벌이지 말라고 면박을 주는 경우가 종종 있다. 기존의 틀을 벗어나 새로운 일, 새로운 방법을 시도하는 일은 누구에게나 필요하다. 이런 새로운 시도가 조직에 활력을 불어넣는 원동력이 된다.

네 번째로 꾸준한 자기계발이다. 주위를 보면 항상 바쁘게 살아가는 사람들이 있다. 그들은 부족하다고 느끼는 부분이 있으면 찾아서 공부하고, 전문가를 찾아가 배우기도 한다. 나는 배우려는 그 열정적인 모습들이 참 멋있어 보였다. 이런 자세는 선배들보다는 후배들에게서 더 자주 찾아볼 수 있는 것 같다. 인터넷에서 찾아보거나 선배들에게 물어보면서 하나라도 더 배우려는 자세는 참으로 멋지다.

직장생활을 하면서 롤모델을 가지고 있다는 건 중요하다. 롤모델 때문에 인생의 방향이 결정되기도 하고, 나를 앞으로 나가게 하는 활력을 불어넣어 주기도 한다. 나는 작지만 에너지 넘치는 중소기업에서 이런 것들을 배웠다. 후배들에게는 닮고 싶은 선배가 되기 위해서 노력했다. 그런 노력이 나를 성장하게 하고 발전시켰다. 나는 처음과 끝이 좋은 사람이 되고 싶다. 어느 자리에 있든지 사람들 마음속에 나는 정말 열심히 생활하는 모습으로 기억되고 싶다. 누군가의 닮고 싶은 롤모델이 되는 것, 이것이 내 삶의 작은 목표이다.

조직을 이끄는 **전문가 과정을** 한 번에 배우다

중소기업에서는 조직을 이끌어가는 전문가 과정을 전체적으로 배울 수 있다. 회사가 성장해가면서 그 조직 속에 속한 직원도 연차에 따라서 업무능력이 향상하게 된다. 조직이 커지면 후배들을 받게 된다. 선배는 그 후배를 회사에 적응하도록 이끌어야 하고 업무도 가르쳐야 한다. 처음에는 후배 한 명만 책임지면 되지만 1년, 2년 시간이 지나고 직급이 향상되면서 이끌어가야 할 식구들이 늘어나게 된다. 그러면서 상황별로 조직을 이끌어가는 스킬을 하나둘 배우게 된다. 조직을 이끌어갈 때 놓쳐서는 안 될 포인트가 있다.

긍정적인 마인드 심어주기

무슨 일을 하든지 마음가짐이 가장 중요하다. 할 수 있다고 믿는 순간 못할 일은 없다. 없던 능력도 생겨 결국은 주어진 일을 처리할 수 있다. 이런 경험을 하면서 업무를 마주하는 자세가 긍정적으로 바뀌게 된다.

특히 중소기업에서는 다양한 업무를 접하기 때문에 이런 경험을 자주 하게 된다. 본인 업무 외에 추가 업무가 주어지면 사람마다 그 일을 바라보는 시각이 다르다. '이 일도 어차피 해야 할 일이니까. 그래, 해보자' 하는 사람이 있는가 하면, '지금도 일이 많은데, 왜 나한테 또 일을 주는 거야?' 하면서 부정적으로 바라보는 사람이 있다. 불평만 하는 사람은 결국 새로운 일이 떨어졌을 때 대충 일하는 흉내만 내며 영혼 없이 일을 처리하게 된다.

업무를 긍정적으로 바라보는 직원은 같은 시간에도 효율적으로 계획도 세워가면서 여러 가지 방법을 연구해서 결과를 낸다.

우리가 생각하는 상식은 다 같다. 그렇게 다른 마인드로 시작하게 된 두 사람의 결과는 어떨까? 선임이 되어 후배를 받아 가르쳐야 할 상황이 생겼을 때 '콩 심은 데 콩 나고 팥 심은 데 팥 나듯이' 자기가 해왔던 방식으로 하는 후배들을 보게 될 것이다. 일에 열정을 가지고 행동하는 선배는 후배를 가르칠 때도 긍정적으로 일에 접근하도록 독려하며 새로운 결과물을 가져왔을 때도 긍정적으로 평가하게 된다. 그러나 매사에 대충인 선배는 후배가 일을 해왔을 때도 제대로 살펴보지 않고 그냥 지나치게 된다. 그 결과는 고스란히 그 팀의 평가로 돌아오게 되며, 팀의 결과물로 나타나게 된다. 그래서 나의 뒷모습을 바라보게 될 후배들을 위해서도 긍정적인 마인드로 업무를 바라봐야 하고, 이런 긍정 마인드를 후배들에게 심어주어야 한다.

목표의식 심어주기(꿈을 가지게 하자)

하루의 반을 보내는 회사생활이 지루하고 재미없다면 이것만큼 힘든 일도 없을 것이다. 반면 일터에서 나의 꿈과 목표를 가지고 일을 즐긴다면 회사생활은 더욱 즐거워질 것이다. 우리는 꿈과 목표라고 하면 너무 큰 것을 생각해서 지레 겁부터 먹는다. 그러나 하루하루 작은 목표를 가지고 생활하다 보면 어느 순간 조금 더 큰 목표를 향해 뛸 힘이 생긴다. 내가 즐겁게 일하면 회사에도 긍정적인 시너지를 일으키고 나의 목표가 회사의 목표와 나란히 가고 있다는 것을 알게 될 것이다.

회사가 좋은 성과를 내면 나도 즐겁고 행복하다. 개인의 꿈이 무엇이든 직장인의 목표는 회사의 목표와 어느 정도 일치하는 셈이다. 우리 몸은 기분에 따라서 즉각 반응한다. 내가 기분이 좋고 즐거우면 몸도 나의 기분에 맞춰 가볍고 최상의 컨디션을 유지시켜준다. 별것은 아니지만 일상에서 이런 작은 목표들이 활력을 준다.

처음부터 거창하게 목표를 세울 필요는 없다. 출근해서 할 수 있는 작은 일부터 관심을 가지면 된다. 예를 들면 오늘 마주치는 모든 직원에게 인사하기, 통화하는 모든 고객에게 밝은 목소리로 응대하기, '감사합니다'라는 말을 20번 이상 하기, 업무처리 시간 5분 단축하기 등, 할 수 있는 작은 일부터 세워 실천에 옮기면 된다. '천 리 길도 한 걸음부터', '시작이 반'이라는 말처럼 내 위치에서 할 수 있는 것부터 시작하다 보면 언제가는 원하는 목표점에 설 날이 온다. 시도조차 하지 않으면 달라지는 것은 아무것도 없다. 우리가 할 수 있는 작은 일부터 지금 시작하면 된다.

빈센트 반 고흐가 이런 말을 했다.

"열심히 노력하다가 갑자기 나태해지고, 잘 참다가 조급해지고, 희망에 부풀었다가 절망에 빠지는 일을 또 반복하고 있다. 그래도 계속해서 노력하면 수채화를 더 잘 이해할 수 있겠지. 그게 쉬운 일이었다면, 그 속에서 아무런 즐거움도 얻을 수 없었을 것이다. 그러니 계속해서 그림을 그려야겠다."

세계적인 천재 화가나 우리나 모두 갈등하는 인생을 살고 있다. 다만 어떻게 시작하고 생각하고 마무리하느냐에 따라서 우리 인생의 결말이 달라진다. 우리는 모두 알고 있다. 그냥 지금 첫걸음을 떼면 된다.

나보다 똑똑한 후배 만들기

후배가 들어오면 제일 먼저 긴장하는 사람이 바로 위의 선배다. 지금까지는 본인이 팀에서 막내였기 때문에 어느 정도의 실수가 용인되었지만, 후배가 들어오면서부터 마음가짐과 자세가 달라지게 된다. 간혹 후배여도 정말 배울 것이 많은 후배가 있다. 그러면 나도 모르게 선의의 경쟁자로 생각하여 긴장하고 업무에 집중하게 된다. 그리고 그 후배에게 자극을 받아 자기계발에 더욱 힘쓰게 되기도 한다.

가끔 서로에 대한 이해가 부족해서 관계가 틀어지는 경우도 있다. 선배는 후배가 들어오면서 본인의 자리가 위험해질까 잘 가르쳐주지 않고, 후배는 본인이 선배보다 능력이 있다고 생각해서 선배를 무시하거나 선배 대우를 제대로 하지 않는 경우이다. 이런 관계는 문제가 있다. 회사생활에서 정당한 방법이 아닌 편법으로 상대를 이겨보려고 하면 결국 문제는 발생하게 되어 있다.

상대의 입장에서 생각하고 배려한다면 회사생활이 달라진다. 나보다 좀 더 똑똑한 후배가 있으면 얼마나 좋은가? 업무를 알아서 처리하니 내가 편하고, 모든 면에서 시간 투자 대비 효율이 높다. 당장 눈앞의 작은 이익 때문에 아무것도 알려주지 않고 네가 알아서 하라는 식으로 후배를 대하는 것은 정말 하나는 알고 둘은 모르는 행동이다. 우리는 같은 팀에서 같은 목표를 향해 달리는 사람들이다. 실력의 차이는 있을 수 있지만 서로 도와가면서 목표를 달성하는 게 서로에게 더 큰 이득으로 돌아온다.

회사생활도 운동경기와 마찬가지이다. 경기에서 선수들이 개인플레이를 하면 그 경기의 결과는 뻔하다. 처음부터 질 것을 생각하고 경기를 시작하는 선수들은 없을 것이다.

선배는 회사에 입사해서 먼저 배운 것이 있으니까 그것을 바탕으로 더욱 발전시키면 되는 것이고, 후배는 선배를 따라서 눈치껏 열심히 서포트하면 되는 것이다. 이렇게 서로 응원해주다 보면 선배보다 나은 후배가 나오게 되고, 그러면 그 후배를 기쁘게 응원해주면 된다.

순자의 권학(勸學)에 나오는 '빙생어수한우수 청출어람청어람(氷生於水寒于水 青出於藍青於藍), 얼음은 물에서 생긴 것이나 물보다 더 차고, 푸른빛은 쪽풀에서 나왔지만 남색보다 더 푸르다'는 말처럼 스승보다 더 훌륭한 제자가 나온다면 스승 입장에서도 행복할 것이다. 서로 존경하고 응원하는 관계만큼 멋진 것은 없다.

남의 말 옮기지 말기(험담하지 말기)

고사성어에 타초경사(打草驚蛇)라는 말이 있다. '풀을 휘저어서 뱀을 놀라게 만든다'는 뜻으로 별 생각 없이 한 행동이 의외의 결과를 초래한다는 뜻이다. '장난으로 던진 돌에 개구리는 맞아 죽는다'는 말이 있듯이 생각 없이 던진 한마디에 누군가는 큰 상처를 받기도 한다. 성인(聖人)인 예수님이나 부처님이 아닌 이상 우리는 부족한 부분이 많은 사람일 뿐이다. 나도 그렇고, 옆에 있는 누군가를 상처 주는 얼굴 없는 사람도 모두 불완전한 존재들이다. 나와 맞지 않다고, 나와 다르다는 이유로 상대방을 비난하거나 상처 줄 권리는 아무에게도 없다.

예전에 탈무드에서 험담에 관한 글을 읽었던 기억이 난다. 정말 마음에 와 닿는 명언이다.

> '험담하는 것은 살인보다 위험하다. 살인은 한 사람만을 죽이나 험담은 반드시 세 명을 해치게 된다. 험담을 하는 장본인과 그것을 제지하지 않고 듣고 있는 사람, 험담의 대상이 된 사람이다.'
> '험담하는 사람은 흉기를 사용해 남을 해치는 것보다 더 큰 죄를 짓는 것이다. 흉기는 가까이 다가가지 않으면 상대방을 해칠 수 없지만, 험담은 멀리 떨어져 있는 사람도 해칠 수 있기 때문이다.'
> '불타고 있는 장작에 물을 끼얹으면 속까지 젖어들어 꺼지지만, 험담을 전해 듣고 분노에 차 있는 사람에게는 아무리 사죄한다 해도

그 마음속의 불을 꺼줄 수 없다.'

'손가락이 자유자재로 움직이는 것은 남의 험담을 듣지 않기 위해서이다. 험담이 들려오면 재빨리 두 귀를 막으라.'

지금까지 회사생활을 하면서 나를 가장 힘들게 했던 일은 나도 모르는 나의 이야기가 와전되어서 동기나 선후배를 통해서 들려올 때였다. 참 황당한 이야기여서 마음에 상처를 받았던 기억이 있다. 10년이 지난 지금도 그때 들었던 이야기가 잊히지 않는다.

그때 그 사건들로 세상을 살아가는 방법 하나를 터득했다. 남의 말은 정말 3일 간다. 내가 떳떳하면 그런 쓸데없는 말들은 신경 쓸 필요가 없다. 소문을 만들어서 상대방을 깎아내리고자 했겠지만 당하는 당사자가 아무 반응을 보이지 않으면 소문은 정말 소문으로 끝난다. 그런 허황된 말들에 휩쓸리는 것은 그 소문을 만들고 전달한 사람들을 즐겁게 만드는 일밖에 되지 않는다.

핑계 대지 않기(실수 인정하기)

한 회사에서 장기 근무하다 보면 직원들이 자주 보이는 행동 패턴들이 있다. 일을 처리하다가 잘못되었거나 문제가 발생하게 되면 자기 합리화를 위한 핑계를 먼저 찾는다. '내가 안 하려고 한 게 아니고', '…때문에 못한 거야', '…하려고 했는데 급한 다른 업무 때문에…' 사람이 일을 하다 보면 실수할 수도 있고, 정말 피치 못할 사정 때문에 처리하지 못할 수도 있다. 이 경우는 같이 진행하는 팀원들에게 솔직히 얘기해서 향후 발생하게 될 문제에 대비하는 것이 현명한 행동이다.

그런데 그 상황을 모면하기 위해 이 핑계 저 핑계를 대며 그 순간만을 어떻게든 넘기려는 사람들이 있다. 핑계에 익숙한 사람은 다음에 비슷한 상황이 발생하더라도 또다시 그 순간을 피할 핑곗거리를 찾기에 급하다. 그래서 나는 핑계를 습관적으로 하는 사람을 신뢰하지 않는다. 언제 신의를 져버릴지도 모르고, 언제 나를 어려운 상황으로 몰아갈지 알 수 없기 때문이다. 사회생활을 하면서 서로 간의 신뢰, 믿음이 가장 중요한 것임을 잊어서는 안 된다.

중소기업에서 **소통의 전문가로** 변신하기

우리 사회에서 요즘 가장 이슈가 되는 것이 소통이다. '소통(疎通)'이란 단어를 사전에서 찾아보면 '어떠한 것이 막히지 않고 잘 통한다'는 뜻이다.

우리 주변에서도 쉽게 소통에 관한 많은 얘기를 찾아볼 수 있다. 소통에 관한 서적들도 많이 출간되고 있고, 각종 매체에서도 많이 다루고 있는 이슈사항이다. 그만큼 우리가 살아가는 사회에서 소통은 정말 중요하다. 한쪽에서 일방적으로 하달한다고 해서 소통이 이루어졌다고 말하지 않는다. 양방향으로 모두 순조롭게 오가야 진정한 소통이다.

나는 오랫동안 통신 관련 회사에서 근무해서 그런지 '소통' 하면 통신이 먼저 떠오른다. 광섬유를 우리 집까지 연결하는 FTTH(Fiber to the Home)라는 광통신 솔루션이 있다. 우리의 일상에서 없어서는 안 되는 기본적인 통신서비스를 이용하려면 전화국(단말)에서 집(종말)까지 광케이블이 연결되어 있어야 한다. 그 연결된 광케이블이 중간에 고장이 나거나 간섭을 받게 되면 광통신이 제대로 이루어지지 않아 인터넷, 전화 등 통신 서비스를 제대로 이용할 수 없게 된다. 소통에 문제가 생기는 것이다.

통신이라는 말을 사전에서 찾아보면 다음과 같다.

> 통신(communication, 通信) : 인간의 의사·지식·감정 또는 각종 자료를 포함한 정보를 격지(공간적) 사이에서 주고받는 작용·작위(作爲) 또는 현상.

광신호를 문제없이 양방향으로 주고받아야 통신이 제대로 되었다고 할 수 있듯이 소통도 같은 맥락으로 생각할 수 있다. 어떻게 보면 소통이나 통신은 서로 동등한 입장에서 데이터를 주고받는 상호 보완적인 작용인 것 같다.

지금까지 나의 회사생활을 뒤돌아보면 이 소통이 문제가 되어 많은 문제가 발생했었다. 조직생활에서 중요한 것 중 하나가 소통이다. 동료와의 소통, 팀 간의 소통은 정말 중요하다. 회사는 같은 목표를 가진 사람들이 모인 조직이다. 그래서 모두가 한목소리를 내야 최종 목적지에 최고의 결과로 도달할 수 있다. 여러 부서가 유기적으로 얽혀 있다 보니 한 부서가 삐거덕거리면 다른 부서들까지 영향을 받게 된다. 다른 기업들도 그렇겠지만 우리 같은 중소기업은 소통 여부에 따라 사업의 방향과 회사의 존폐까지 결정되기도 한다.

회사에서 팀 회의, 부서별 회의를 진행하는 것은 자유로운 의사소통을 통해서 최상의 사업정책을 도출하여 추진하려는 것이 기본 바탕이다. 팀 간, 부서 간 소통이 제대로 이루어져야 회사의 정책이 제대로 된 방향으로 흘러가고 최종 목표 달성이 가능해진다. 그러나 각자의 생각과 목적을 가진 여러 부류의 사람들이 모여 있기 때문에 간혹 팀 이기주의가 문제가 되어 소통에 장애를 일으키곤 한다.

팀 간 회의를 하다 보면 서로 잘못된 점만 탓하다 정작 중요한 것을 놓치는 때가 많다. 대의를 먼저 생각해야 하는데 혹시 우리 팀에 피해가 올까 봐, 혹시 나에게 불이익이 오지 않을까 몸을 사리는 경우가 종종 있다. 그리고 같은 팀 내에서도 소통 장애가 발생하기도 한다. 팀원끼리 과열 경쟁하여 서로 정보를 공유하지 않는 경우이다. 그래서 팀에서 중요한 계약이나 입찰에서 문제가 생길 때가 있다. 그러므로 팀장을 중심으로 정기적인 정책 공유, 의견 공유는 필수이다.

회사생활에서 제일 능력 있는 사람을 꼽으라면 '소통을 잘하는 사람'을 들 수 있다. 이런 사람은 조직에서 인정받으며 본인의 입지를 다지게 된다. 회사에서 성공한 사람이 되고 싶은가? 그러면 소통 전문가가 돼라. 팀을 하나로 모으고, 조직을 하나로 응집시킬 수 있는 전문가!

팀 간 의견을 현명하게 조율하고, 팀 이기주의가 발생하면 우리가 가야 하는 최종 목표를 보여주고, 서로 한 발짝 물러나 회사의 큰 그림을 보게 할 줄 아는 소통의 전문가!

소통도 동료에 관한 관심이고 재치이다. 중소기업에서 이런 소통을 전문적으로 배울 수 있다. 중소기업에서는 조금만 관심을 기울이면 회사 전체 시스템을 파악할 수 있기 때문에 누구나 팀 간의 의견을 조율하는 연결 통로가 될 수 있다. 조직 내에서 소통은 강점이고 필수 요소이다.

가정이 화목하려면 가족 간의 소통이 필요하고, 사회가 좀 더 발전된 미래로 나아가기 위해서는 세대 간 소통도 중요하다. 우리는 전 세계가 하나로 연결된 네트워크 세상에 살고 있다. 소통은 우리가 사는 세상의 기본 항목이며, 소통을 잘하는 사람이 세상의 룰도 움직일 수 있다.

소통! 서로 간의 배려와 이해의 기본 덕목이다. 소통을 잘하는 사람이 다가오는 미래에 주도권을 가지고 이 사회를 살아갈 것이다. 이런 미래의 주인공으로 살아가고 싶은가? 중소기업에 답이 있다.

중소기업에서 **사람 마음을 움직이는** 기술을 연마하다

어느 조직에서든 항상 분위기를 이끌어가는 사람들이 있다. 드라마나 영화를 보더라도 감초 역할을 하는 재미있고 멋진 조연들이 있다. 성지루 씨나 이문식 씨, 성동일 씨 등은 극을 더 빛나게 하는 멋진 조연들이다. 이런 감초 같은 조연 배우들이 없다면 드라마나 영화가 밋밋하게 흘러갈 것이다. 그래서 난 극 분위기를 즐겁게 이끌어가는 조연들이 출연하는 드라마나 영화가 좋다.

학창 시절을 생각해보더라도 놀 때는 즐겁게 놀고 운동도 잘하고 공부까지 잘하는 분위기 메이커들이 있었다. 그래서 친구들이나 주변 사람들의 부러움의 대상이었던 친구. 그 친구들의 공통점은 항상 긍정적이고 모든 주변 상황을 밝게 본다는 점이다. 이런 친구 옆에 있으면 같이 기분이 좋아져서 항상 함께하고 싶은 생각이 든다. 가끔은 부러움 때문에 시샘의 대상이 되기도 하지만 주변에 행복한 에너지를 전달해주는 사람임이 확실하다.

내 주변에도 이런 행복을 주는 20년지기 친구가 있다. 이 친구에게서 부정적인 단어를 들어본 기억이 없다. 같은 상황, 사물을 보더라도 그 친구는 웃으면서 긍정적으로 표현해주어서 옆에 있는 우리까지 기분이 좋아진다. 본인 처지가 좋지 않았을 때도 희망을 놓지 않고 열심히 공부하고 노력하면 잘될 거라는 긍정적인 말만 했던 친구였다.

가끔 나는 그 친구가 무모한 희망을 가지는 건 아닐지 의심했었다. 내가 생각하기에는 당시 친구의 처지가 몹시 힘들어 보였는데, 당사자는 그 힘듦을 즐겼는지도 모르겠다. 2000년도 초반, 문헌정보학과 전공자들도 공기업 사서로 들어가기 힘들었을 때였다. 그러나 그 친구는 복수전공으로, 학원 강사를 하면서 대학원 공부까지 했다. 시간은 조금 걸렸지만, 친구는 원하던 시험에 합격해서 본인이 원하는 사서 일을 하게 되었다. 그리고 그 자리에 안주하지 않고 교직원 임용시험까지 치러서 지금은 학교에서 사서 선생님으로 아이들을 가르치고 있다. 그 친구를 보면서 참 많이 배웠다. 긍정적인 말이 사람을 어떻게 변화시키고 주변을 행복하게 만드는지 알게 되었다.

남을 비난하고 탓하기는 쉽다. 나의 행동을 합리화하기 위해서 온갖 방법을 동원해서 책임을 남에게 전가하기도 한다. 특히 회사에서는 이런 일이 비일비재하게 일어난다. 어떤 프로젝트를 함께 추진했는데, 결과가 좋지 않게 나올 때가 있다. 공동 프로젝트였는데도 불구하고 교묘하게 자기의 실수를 동료에게 전가하고 본인은 피해자 행세를 하는 사람들이 있다. 당장은 그렇게 위기 상황을 모면했을지 모르지만 결국 나중에는 다 밝혀지게 된다. 특히 그런 거짓된 행동을 한 본인이 가장 잘 알 테니까.

사람의 마음을 움직인다는 것이 단시간에 되는 것이 아니다. 이해관계로 뭉친 직장에서 마음을 움직여서 나의 편을 만든다는 것은 그만큼 노력과 시간이 필요한 일이다. 자신의 실수와 책임을 교묘한 방법으로 숨기는 사람들은 처음에는 언변술로 속일 수 있을지 모르지만 금방 들통이 난다. 그런 행동이 반복되다 보면 하루의 반 이상의 시간을 같이 보내는 동료가 먼저 눈치를 챈다. 겉으로 말은 안 하지만 '저 사람 또 시작이구나, 또 거짓말하는구나' 싶어 꺼리게 되고, 같이 일을 진행하더라도 전체적인 정보를 공유하는 것을 피한다.

특히 이런 관리자가 팀장이나 부서장이라면 더욱 심각하다. 팀원들의 공을 가로채고, 경영자의 눈을 속여가며 자신의 능력을 과대 포장한다. 1~2년은 어떻게든 주변을 속여가며 직장생활을 연명해가겠지만 중소기업에서 이런 행동은 곧 아웃이다. 작은 조직에서 신뢰는 기본 중의 기본인데, 이 기본을 깨트린다면 설 자리를 잃게 되는 건 당연한 이치이다.

결국은 진실된 말과 행동만이 나를 증명해 보이는 것이고, 주변과 함께 발전해나가는 밑거름이 된다. 이런 작은 행동이 모여서 나를 변화시키고 주변까지 행복하게 만드는 것 같다.

아직 우리의 인생은 진행 중이다. 내가 먼저 행복을 전달해주는 사람이 돼보는 건 어떨까? 치열한 직장생활 중에 동료로 인해 웃게 되고 마음의 여유를 갖게 된다면 그날은 행복하지 않을까? 그 행복 에너지를 전달해주는 사람이 내가 된다면 더욱 행복할 것이다. 이런 나의 마음을 주변 동료가 먼저 알아주고 앞으로도 함께하고 싶은 동료로 인정해준다면 나는 성공한 것이다. 중소기업에서 사람의 마음을 사로잡는 기술을 한번 익혀봐라. 그것을 밑거름으로 나의 사업을 시작하거나 더 큰 세상으로 나아갈 수 있다.

리치 디보스는 저서 〈사람을 움직이는 세상에서 가장 강력한 10가지 말〉에서 긍정적인 말과 행동이 자신과 사회와 국가까지 변화시킬 수 있다고 했다. 이 10가지 말은 우리가 다 알고 있는 말이지만 쉽게 입 밖으로 내기 힘든 말이기도 하다. 오늘부터 다음 10가지 말을 한번 연습해보는 건 어떨까? 그러면 나 자신도 변화를 느낄뿐 아니라 주변 사람들도 함께 변화해가는 것을 느낄 수 있을 것이다.

① I'm wrong, 내 잘못입니다.
자신의 잘못을 인정할 수 있다면 실수를 바로잡고 해결책을 모색할 수 있다.

② I'm sorry, 미안합니다.
'미안합니다'라고 말할 때 상대방의 입장을 알 수 있으며 관계를 개선할 수 있으며 상대의 장점을 볼 수 있다.

③ You can do it, 할 수 있습니다.
실패에 대한 두려움, 비난과 웃음에 대한 걱정이 있겠지만, 목표를

가지고 도전해라. 당신은 할 수 있다.

④ I Believe in you, 당신을 믿습니다.
세상에서 가장 강력한 힘 중 하나는 자신감을 가지고 더 큰 목표를 향해 나가는 인간의 의지이다.

⑤ I'm proud of you, 당신이 자랑스럽습니다.
새롭게 일을 시작하는 사람들, 자신감이 필요한 사람들, 성공한 사람들 누구에게든 삶의 매 순간 대화나 메모 또는 행동으로 당신이 '자랑스럽습니다'라는 격려가 필요하다.

⑥ Thank you, 고맙습니다.
'고맙습니다'라는 말은 배려에 대한 감사를 보이는 일이며 사려 깊은 생각에 대한 인정이다.

⑦ I need you, 당신이 필요합니다.
자신이 필요한 사람이라고 인식될 때 긍정적이며 더 잘할 수 있게 된다. 더 많은 일을 하게 된다.

⑧ I Trust you, 당신을 신뢰합니다.
우리 사회의 성공은 상대가 잘할 수 있을 것이라는 믿음, 서로에게 보여주는 믿음, 사람들이 약속을 지킬 것이라는 믿음에 달려 있다.

⑨ I respect you, 존경합니다

존경받고자 한다면 먼저 상대를 존중해라. 상대방의 가치를 인정하고 존중하는 사람은 존중받는다.

⑩ I love you, 사랑합니다.

사랑은 항상 우리 주변에 있다. 배우자, 가족과 친구 또한 우리의 커뮤니티를 위해 사랑을 찾고 또 사랑을 키워나가야 한다.

중국어 속담에 '득인심자 득천하(得人心者 得天下), 사람의 마음을 얻는 자가 천하를 얻는다'는 말이 있다. 사람의 마음을 진실로 움직이는 사람이 세상을 움직이게 될 것이다. 회사나 국가나 사람의 마음을 얻지 못하면 그 조직은 오래 유지될 수 없다. 중소기업에서 사람의 마음을 움직이는 기술을 배워보라.

참고도서

〈김연아의 7분 드라마〉, 김연아, 중앙출판사

〈끝까지 해내는 힘〉 나카무라 슈지, 비즈니스북스

〈놓치고 싶지 않은 나의 꿈 나의 인생 1, 2〉 나폴레온 힐, 국일미디어

〈리더에게 인정받는 직원의 40가지 비밀〉 황인태, 라온북

〈리더 스타일 참모 스타일〉 오다 스스무, 페이퍼로드

〈사람을 움직이는 세상에서 가장 강력한 10가지 말〉 리치 디보스, 21세기북스

〈조화가 성공을 부른다〉 신영철, 행복에너지

〈지도 밖으로 행군하라〉 한비야, 푸른숲

〈창의로 꿈을 실현하다〉 김경수, 함께

〈1분 혼다〉 이와쿠라 신야, 북스톤

〈4차 산업혁명과 미래의 직업〉, 이종호, 북카라반

〈지성의 행로〉, 〈남화오십오년사〉 최상옥

곽숙철의 혁신 이야기_**"왜 혼다 소이치로는 일본에서 가장 존경받는 경영자가 되었나?"**

아주경제 [특파원스페셜]_**중국의 10대 여성 부호 면면 보아하니**

아주경제 [특파원스페셜]_**15세 여공, 46세에 자산 12조. 창업 슈퍼스타**

정진호가치관경영연구소_**"회사와 직원이 함께 성장하고 싶은 기업이라면 이거 한번 해보세요"**

회사가 붙잡는 직원의 23가지 비밀

강선호 지음 | 13,800원

"매년 연봉 협상에 성공하는 김대리는 무엇이 다를까?"
금수저, 고스펙 따윈 필요 없다!
나만의 힘으로 어떤 직장에서든 빛나는 존재가 되는 법!

직장에서는 다시 처음부터 배우고 익혀야 한다. 누구는 놀고 나는 일하는 억울함, 주요 업무와 상관없는 잔심부름 같은 일을 할 때 느끼는 자존감 하락을 견뎌야 한다. 저자는 일용직부터 20여 명의 부하직원을 관리하는 관리직까지 다양하고 많은 직장과 직급을 경험했다. 열정과 아이디어로 입사 후에는 최선을 다해 성과를 냈고, 그 결과 회사를 그만둘 때면 회사는 늘 그를 붙잡기 위해 더 좋은 조건을 제시하곤 했다. 이런 과정을 통해 직장생활을 잘해내는 비법을 깨달은 저자가 저자만의 노하우를 알려준다.

여자가 리더로 성공하는 30가지 비결

김연주 지음 | 13,800원

"직장생활 성공의 90%는 인간관계, 사람과의 소통에 달려 있다"
함께 일하고 싶은 리더 1위, 직원들 포텐셜 터지게 하는 그녀가 알려주는 사람 중심 리더십

상고 출신 여자행원으로 시작해 37년의 경력 중 20여 년을 책임자로, 영업점 및 본부부서장으로 지냈다. 저자가 이렇게까지 성장할 수 있었던 것은 '사람 중심' 리더십으로 이끌었기 때문이다. '김연주만 만나면 어떤 직원도 포텐이 터진다'는 말은 그냥 생긴 말이 아니다. 저자는 각각의 직원에게 무엇이 필요한지 읽어내고 성장할 수 있도록 방향을 제시하고 함께 뛰었다. 저자의 37년 내공이 담긴 이 책은 모든 직장인이 겪는 어려움을 타파하고 한걸음 성장의 길로 나아가는 데 도움을 줄 것이다.